ALEXANDRA KARR-MENG

KINDER ACHTSAM ERZIEHEN

WIE SIE WUT, STREIT UND GESCHREI AUS DEM FAMILIENALLTAG VERBANNEN

humboldt

INHALT

DIE KRAFT DER ACHTSAMEN ERZIEHUNG

„Leben ist das, was passiert, während du beschäftigt bist, andere Pläne zu machen."

John Lennon

Kennen Sie das Zitat von John Lennon? Es bringt auf den Punkt, was uns alle umtreibt. Der Strom des Lebens umfließt uns und zieht uns mal mehr, mal weniger in seinen Sog.

Die gute Nachricht vorab: Mit ein wenig Achtsamkeit im Familienleben meistern Sie die Herausforderungen des Alltags deutlich besser, vieles wird Ihnen leichter fallen. Als Eltern können Sie schon mit kleinen Impulsen und Veränderungen für eine achtsame Erziehung sorgen. In diesem Ratgeber finden Sie viele Tipps und Rituale, die Ihnen dabei helfen. Sie werden merken, wie sich die gute Atmosphäre zwischen Ihnen und Ihrem Kind festigen wird. Die kleinen und großen Krisen im Familienalltag wird es auch weiterhin geben. Aber: Sie werden gelassener damit umgehen. Und Sie werden belohnt: Mit einem entspannten Kind und der eigenen inneren Balance.

Ein Werkzeugkoffer voller Achtsamkeit

Als Mutter eines Sohnes kenne ich die Herausforderungen des Alltags. Wer möchte nicht, trotz viel Trubel, locker und flockig alles auf die Reihe bekommen. Immer mit einem Lächeln im Gesicht, unermüdlich, mit einem vollen Akku im Gepäck. Nicht zu vergessen die

„Nano-Versiegelung“, an der alles wie Wasser auf der frisch geölten Haut abperlen kann. Ganz nach dem Motto: Geht nicht, gibt’s nicht. Woher dieses Bild kommt? Die Werbung hat hierfür den Begriff der Familienmanagerin erfunden.

Schon allein der Begriff „Managerin“ zeigt, welche Kompetenzen in der Familie gefordert sind: Bezugsperson sein, den Alltag organisieren, Struktur schaffen, fürsorglich sein, Konflikte lösen, Gespräche führen, Streit schlichten, trösten und natürlich dabei alles locker im Griff haben. Mit diesen Aufgaben alleine ist der Tag schon ausgefüllt, viele Frauen und Männer gehen jedoch noch einer Beschäftigung nach.

Wie so viele andere Mütter, bin auch ich „multifunktional“ unterwegs. Seit 14 Jahren arbeite ich als Coach, Trainerin, Organisations- und Personalberaterin für eine Krankenkasse. Darüber hinaus bin ich selbständig als Coach und Trainerin für Kommunikation, Persönlichkeitsentwicklung und Resilienz tätig. Dann gibt es natürlich meine private Seite, das Leben mit meiner Familie.

Als Mutter eines zehnjährigen Sohnes genieße ich die Zeit mit meiner Familie. Mir ist es wichtig, unseren Sohn zu begleiten, intensiv Zeit mit ihm zu verbringen, für ihn da zu sein und zu wissen, was ihn bewegt. Das funktioniert in der Regel alles gut – aber natürlich gibt es auch Phasen, in denen es schwerer ist, alles unter einen Hut zu bekommen. Besonders, wenn ich beruflich sehr eingespannt bin und sich die Herausforderungen in der Familie häufen, merke ich, wie der Stresspegel steigt, wie ich schneller ungeduldig oder gereizt bin. Dazu kommt noch, dass ich die Messlatte an mich selbst oft sehr hoch lege.

In diesen Zeiten hilft mir mein Wissen über Achtsamkeit sehr, denn damit gelingt es mir leichter, für meine Familie und mich den besten Weg zu finden.

Und das können Sie auch: In diesem Ratgeber finden Sie einen gut gefüllten Werkzeugkoffer voller Achtsamkeit, schöpfen Sie aus dem Vollen! Praktische Übungen, hilfreiche Informationen, bewährte Tipps und Möglichkeiten zur Selbstreflektion helfen Ihnen, in Ihrer Familie den Grundstein für einen respektvollen und von Liebe geprägten Umgang zwischen Ihnen und Ihren Kindern zu legen.

Was Eltern bewegt

Die Sorgen und Nöte von Eltern ähneln sich meistens, und doch muss jede Mutter und jeder Vater den eigenen Weg finden. Bevor ich dieses Buch schrieb, habe ich viele Eltern befragt. Ich wollte wissen, vor welchen Herausforderungen sie täglich stehen und wann Sie an ihre Grenzen kommen. Folgende Fragen stellte ich Müttern und Vätern:

- Welche Situationen stressen mich und mein Kind?
- Wo gibt es bei uns in der Familie die größten Konflikte?
- Was ängstigt mein Kind?
- Wann stoße ich mit meinen Kindern an meine Grenzen?
- Welche Unterstützung würde ich mir wünschen?

Die Antworten, die ich erhalten habe, zeigen, dass die meisten Eltern mit Krisen und Situationen zu kämpfen haben, die Sie bestimmt auch kennen.

In diesem Ratgeber finden sich viele Beispiele aus dem Alltag der befragten Familien. Bestimmt werden sich solche Szenen so oder ähnlich auch in Ihrer Familie abspielen. Ich weiß aus eigener Erfahrung, dass man als Eltern in schwierigen Erziehungssituationen auch mal mit seiner Weisheit am Ende ist. Es ist schwer, das zuzugeben! Da hilft es inne zu halten und sich klar zu machen, dass man nicht für alles eine Lösung haben muss.

Es ist völlig in Ordnung zuzugeben, dass Sie jetzt gerade ratlos oder überfordert sind. Tauschen Sie sich darüber mit anderen Eltern aus, wenn Sie die Möglichkeit haben. Sie werden sehen, dass Sie nicht alleine mit Ihren Problemen sind. Meist hilft es schon, darüber zu sprechen. Dabei bekommt man Bestätigung oder neue Impulse. Kinder fordern uns und halten uns täglich den Spiegel vor. Das erleben alle Eltern und alle gehen unterschiedlich damit um.

Weniger Konflikte bedeuten weniger Stress

Das letzte Kapitel meines Ratgebers richtet sich übrigens ganz an Ihre Bedürfnisse als Mutter oder Vater. Machen wir uns nichts vor: Sie sind als Eltern die Keimzelle für ein konfliktarmes Familienleben. Dafür sollten Sie Spielregeln beachten und sich selbst immer wieder neu erden. Denn achtsame Eltern, die auf sich und ihre Kinder achten, sich gegenseitig respektieren und wertschätzen, sind die Grundlage für Harmonie und vorausschauendes Handeln. Meine Tipps lassen sich mühelos in den Alltag übertragen, sie sorgen für Inseln im Meer der vielen kleinen Dinge, die belastend sein können.

Verlieren Sie nicht den Mut, wenn es nicht gleich funktioniert. Für Sie und Ihr Kind sind manche Übungen eine ganz neue Erfahrung. Sie müssen sich erst einmal daran gewöhnen! Veränderungen erzeugen im ersten Moment Widerstand. Sie denken vielleicht, dass manche Ratschläge sehr aufwändig sind oder Ihr Kind es ablehnen wird, Neues auszuprobieren, weil es ungewohnt ist. Aber es wird sich nur etwas ändern, wenn Sie damit beginnen.

Es ist ähnlich wie beim Fitnesstraining. Ihr Körper baut nur Muskeln auf, wenn Sie diese trainieren, also täglich nutzen. Ansonsten sind sie schnell wieder weg und der wohl definierte Oberarm beginnt schlapp zu werden.

Liebe Leserinnen und Leser, probieren Sie die Übungen aus, lassen Sie sich auf neue Sichtweisen ein, verändern Sie jeden Tag ein bisschen was! Seien Sie neugierig und durchbrechen Sie bewusst das eine oder andere Verhaltensmuster. Wenn Sie den Anfang machen, werden sich auch die Menschen um sie herum verändern. Dieses Buch bietet Ihnen Strategien, Übungen und Methoden, wie Sie anstrengende Konflikte und verfahrene Situationen durch bewusstes Handeln verhindern oder entschärfen können. Ich wünsche Ihnen viel Erfolg – Sie wissen ja, alles beginnt mit dem ersten Schritt. Der Weg hat schon begonnen …

„Wie du säst, so wirst du ernten."

Cicero

Mit diesem Zitat wünsche ich Ihnen viel Erfolg!

Herzliche Grüße
Ihre Alexandra Karr-Meng

WIE KÖNNEN WIR IN DER FAMILIE ACHTSAM MITEINANDER UMGEHEN?

Achtsamkeit ist mehr als ein Trend. Es geht darum, sich bewusst dafür zu entscheiden, im Moment zu leben und aufmerksam zu sein. Im Umgang mit Menschen bedeutet achtsam sein unter anderem, sich dem anderen zuzuwenden und weder ihn noch seine Handlungen zu werten.

Das kleine 1 x 1 der Achtsamkeit

Wir alle kennen das Wort Achtsamkeit. Es ist fester Bestandteil des Buddhismus und spielt in der Meditation eine wichtige Rolle. Mittlerweile ist Achtsamkeit zum Modewort geworden, so wie auch der englische Begriff Mindfulness. Alles und jeder ist achtsam oder will es sein. Es wird achtsam miteinander umgegangen, wir essen achtsam, bewegen uns achtsam, beobachten achtsam, arbeiten achtsam.

Doch was bedeutet es für uns? Wir leben in einer sehr schnelllebigen Zeit. Unsere Tage sind getaktet, jede Minute ist verplant, oft hetzen und jagen wir von einem Termin zum anderen. Haben ständig was zu tun. Kinder erziehen, eine wichtige Besprechung, Hausarbeit, Treffen mit Freunden und dann noch der Freizeitstress. Immer und überall sind wir erreichbar. Selbst im Urlaub werden noch schnell Mails gecheckt und Telefonate entgegengenommen. Wenn wir uns Ruhe gönnen, meldet sich sofort das schlechte Gewissen. „Ich kann doch nicht einfach faul in der Sonne liegen! Was könnte ich jetzt alles tun! Was entgeht mir gerade?" Unser Kopf schaltet selten ab. Das Gedankenkarussell dreht sich ständig. Tut uns das auf Dauer gut?

Im Gegensatz zu uns Erwachsenen leben Kinder im Moment. Wer könnte uns also ein besseres Vorbild sein als unsere eigenen Kinder? Sie werden mit einer Grundachtsamkeit geboren. Kinder leben im Hier und Jetzt. Sie tun, was sie tun, mit allen Sinnen und mit voller Aufmerksamkeit.

Achtsamkeit können wir von unseren Kindern lernen

„Die wahre Lebensweisheit besteht darin, im Alltäglichen das Wunderbare zu sehen."

Pearl S. Buck

Kinder sitzen oft einfach nur da und starren Löcher in die Luft. Hierbei träumen sie, hängen einfach ihren Gedanken nach oder beobachten, was um sie herum geschieht. Ich bewundere immer wieder den verträumten Blick der Kinder, die Ruhe und Gelassenheit, mit der sie sich ihren Gedanken hingeben, bis sie plötzlich aus ihrem „Dornröschenschlaf" erwachen und neue Ideen aus ihnen heraussprudeln.

Bestimmt haben Sie auch schon Folgendes erlebt: Ihr Kind spielt in seinem Zimmer und ist ganz in seiner Fantasiewelt versunken. Sie rufen es mehrfach, doch es reagiert nicht. Es erlebt die Situation und fühlt sich wohl darin. Deshalb hört es auch Ihr Rufen nicht. Es blendet alles um sich herum aus. Seine Spielwelt ist jetzt das Wichtigste.

Achtsamkeit müssen Kinder nicht lernen. Nein, sie verlernen sie vielmehr im Laufe ihres Lebens. Wir Eltern treiben sie an, sich zu beeilen und nicht zu trödeln oder endlich mit einer Aufgabe anzufangen. Wir glauben, sie zu multitaskingfähigen Menschen erziehen zu müssen, weil das in unserer modernen Gesellschaft angeblich so wichtig ist, um erfolgreich und glücklich zu sein.

Zeiträuber und Dauerberieselung

„Achtsamkeit ist eine Qualität des menschlichen Bewusstseins, eine besondere Form von Aufmerksamkeit. Es handelt sich dabei um einen klaren Bewusstseinszustand, der es erlaubt, jede innere und äußere Erfahrung im gegenwärtigen Moment vorurteilsfrei zu registrieren und zuzulassen."

Doris Kirch, Deutsches Fachzentrum für Achtsamkeit

Tausend Sachen gleichzeitig machen?

Die größte Falle in Bezug auf Achtsamkeit ist Multitasking. Vor einigen Jahren als eine hervorragende Fähigkeit gefeiert und gepriesen, zeigen neue Forschungen die negativen Seiten des Multitaskings. Viele Studien befassen sich mit den negativen Auswirkungen des Multitaskings auf den Menschen. Niemand kann mehrere Tätigkeiten gleichzeitig gut ausführen, das macht das menschliche Gehirn nicht mit. Es ist dafür ausgelegt, eine, maximal zwei komplexe Tätigkeiten gleichzeitig auszuführen. Dies wissen oder spüren wir auch. Wir merken sehr schnell, wenn wir nicht richtig bei der Sache sind, uns verzetteln und uns dadurch unnötigen Druck machen. Auf Dauer macht diese geteilte Aufmerksamkeit krank. Die gleichzeitige Arbeit an mehreren Sachen führt zu Konzentrations- und Leistungsverlusten. Eine Sache „richtig" zu machen oder zuerst eine Sache „fertig" zu machen, widerspricht dem Anspruch, ganz viel auf einmal zu schaffen.

EINE KLEINE ACHTSAMKEITS-GESCHICHTE

Ein Zen-Meister wurde einst von seinen Schülern gefragt, warum er so in sich ruhe und trotz seiner vielen Beschäftigungen so glücklich sei und so viel Liebe ausstrahle.

Er antwortete:
Wenn ich stehe, dann stehe ich,
wenn ich gehe, dann gehe ich,
wenn ich sitze, dann sitze ich,
wenn ich esse, dann esse ich,
wenn ich liebe, dann liebe ich ...

Da fielen ihm die Fragesteller ins Wort und sagten:
Das tun wir doch auch, aber was tust du darüber hinaus?

Er sagte wiederum:
Wenn ich stehe, dann stehe ich,
wenn ich gehe, dann gehe ich,
wenn ich sitze, dann sitze ich ...

Wieder fielen ihm die Fragesteller etwas ungeduldig ins Wort und riefen:
Aber das tun wir doch auch!

Geduldig antwortete er ihnen:
Nein! Wenn ihr sitzt, dann steht ihr schon.
Wenn ihr steht, dann lauft ihr schon.
Wenn ihr lauft, dann seid ihr schon am Ziel.

(Verfasser unbekannt)

Besonders das Telefonieren, das Immer-erreichbar-sein, hinterlässt Spuren. Wir werden rastlos und stehen unter einer medialen Massendurchflutung. Denn wir sind einfach nicht dafür gemacht, fünf Dinge gleichzeitig zu tun. Dank des mobilen Internets erreichen uns vermeintlich unentbehrliche Neuigkeiten überall und – wenn wir es zulassen – auch jederzeit. Verschiedenste Nachrichtendienste, Twitter, Facebook, Whatsapp, Instagram und so weiter beherrschen unsere Welt. Ob wir es wollen oder nicht, wir werden berieselt. Mal mit schönen Dingen von unserer Freundin „Schau mal, die Kleine hat ihre ersten Schritte gemacht“, bis hin zu Meldungen wie „Wer hat auch keine Lust zum Aufstehen“. Dazwischen noch Rückfragen des Partners, was heute Abend geplant ist oder dass das geplante Meeting doch ausgefallen ist.

Bestimmt kennen Sie auch diese Überflutung von allen Seiten: Telefonisch Termine machen, Mails checken, Posts liken, dabei kochen, überlegen was das Kind morgen in der Schule alles braucht und die Einkaufsliste schreiben. Gelingt Ihnen das? Es gelingt so lange es Ihnen gut geht. Doch wie geht es Ihnen nach einer schlaflosen Nacht, einem Tag, an dem einfach nichts klappen wollte?

Kinder mögen kein Multitasking

Diejenigen unter uns, die mit der Flut umzugehen gelernt haben, werden dennoch im Laufe der Zeit merken, dass Multitasking ihnen auf Dauer nicht gut tut. Das ständige Rennen, Hasten, Rasen und Verzetteln macht uns Menschen unglücklich und aggressiv. Nach außen demonstrieren wir Aufmerksamkeit, doch meistens sind wir in Gedanken schon ganz woanders. Vielleicht merken es die meisten nicht, doch Ihr Kind merkt sofort, wenn Sie nicht bei ihm sind.

So wie Kinder einer Sache ihre volle Aufmerksamkeit schenken können, schätzen sie es auch, wenn ihnen selbst volle Aufmerksamkeit geschenkt wird.

Was macht Kindern Freude?

In der Recherche zu diesem Buch habe ich Kinder gefragt: „Was macht dir am meisten Freude?“

- mit Mama und Papa kuscheln
- Malen und Singen
- mit meinen Freunden Baumhäuser bauen
- Fahrrad fahren
- Muscheln am Strand suchen
- wenn Mama mir abends meine Gute-Nacht-Geschichte vorliest
- mit meinem Opa basteln
- mit meiner Familie ins Schwimmbad gehen
- Vögel beobachten
- mit meinen Eltern Zeit verbringen, ohne zu hetzen und zu motzen
- mit meinem Papa Fußball spielen
- wenn meine Eltern viel Zeit haben und mit mir spielen
- eine Sandburg mit meinen Eltern bauen
- einfach spielen

Sie sehen, es ist nicht das Außergewöhnliche, was Kinder bedeutsam finden. Es sind die einfachen Dinge, das Naheliegende. Sie möchten gute Momente mit Menschen haben, die sie lieben und von denen sie geliebt werden. Sie möchten draußen spielen. Sie möchten Nähe genießen. Alle Aussagen haben eins gemeinsam: Sie sind Schlüssel zur Achtsamkeit.

ACHTSAMKEIT IN DER FAMILIE IST NICHT SO SCHWER

- im Hier und Jetzt leben
- Dingen unsere volle Aufmerksamkeit widmen
- eins nach dem anderen erledigen
- bewusst wahrnehmen, was wir tun
- beobachten, ohne zu bewerten

Diese Schritte zur Achtsamkeit hören sich einfach an, im Alltag sind sie jedoch manchmal schwierig umzusetzen. Aber wenn Sie daran arbeiten und es täglich aufs Neue versuchen, werden Sie und Ihre Familie mit jedem Tag ein Stückchen Achtsamkeit dazugewinnen.

Echte Zuwendung – achtsames Zuhören

Sie sitzen auf dem Sofa und schreiben einer Freundin eine SMS. Diese braucht einen Rat von Ihnen, es eilt. Plötzlich steht Ihr Kind vor Ihnen: „Mama schau mal, was ich gerade gemalt habe. Wie findest du das?" Sie werfen einen kurzen Blick auf das Bild und sagen: „Toll, mal doch weiter."

Ihr Kind setzt sich an den Tisch und malt noch etwas auf das Bild. Drei Minuten später steht es wieder vor Ihnen und will Ihnen stolz sein Ergebnis zeigen. Sie schauen nur kurz auf und murmeln: „Sehr schön." Jetzt springt Ihr Kind zu Ihnen auf die Couch und hält Ihnen das Bild direkt unter die Nase, es wird lauter und ruft: „Mama, guck doch mal, der Baum ist so schön. Du sollst nach meinem Bild schauen." Seine Stimme wird höher und lauter.

Wenn Kinder nicht die nötige Aufmerksamkeit bekommen, fordern sie diese ein. Bekommt es, wie im Beispiel, nur Pseudo-Aufmerksamkeit, bemerkt es schnell, dass Sie sich nicht wirklich mit ihm beschäftigen. Es bekommt das Gefühl, nicht wichtig genug zu sein oder zu stören. Das bringt Sie natürlich auch in Stress. Sie wurden den ganzen Tag schon mit unterschiedlichen Dingen konfrontiert und jetzt kommt Ihnen Ihr Kind noch auf die Schliche. Es bemerkt, was Sie selbst spüren. Es formuliert das, was Sie eigentlich nicht wahrhaben wollten. Die Anspannung wächst, denn das Kind tut alles, um Beachtung zu erhalten. Dies ist verständlich.

Solche Situationen können stressen. Gerade wenn es Ihnen selbst einmal nicht so gut geht, fällt es Ihnen schwer, Ihrem Kind ungeteilte Aufmerksamkeit zu schenken.

Besonders schwierig ist es, wenn Sie das Bedürfnis nach Ruhe haben und Ihr Kind sich mitteilen möchte. Grundsätzlich ist es toll, wenn Kinder offen sind und von ihren Erlebnissen oder Problemen erzählen. Darüber freut sich jede Mutter und jeder Vater. Doch manchmal ist der Zeitpunkt nicht der passende. Wenn man selbst den Kopf voll hat, kann man dem Kind nicht aufmerksam folgen. Danach hat man meist ein schlechtes Gewissen, weil man nicht bei allen Ausführungen „voll dabei“ war.

Aber das ist absolut in Ordnung. Schlimmer wäre es, wenn man den Redefluss abrupt beendet – etwa mit einer Bemerkung wie „kannst du auch mal still sein“. Das sollte man vermeiden. Sie genießen bei Ihrem Kind vollstes Vertrauen. Deshalb schenkt es Ihnen auch sehr, sehr lange Erzählungen. Wenn Sie dieses Vertrauen nicht würdigen, entsteht bei Ihrem Kind schnell der Eindruck „Was ich zu sagen habe, ist nicht wichtig oder interessiert nicht.“

Ein vollgepackter Tag im Kindergarten. Petras Tochter Lea genoss jeden Augenblick und möchte ihrer Mutter davon erzählen. Lea redet ohne Punkt und Komma. Petra erkennt manche Zusammenhänge nicht und driftet gedanklich ab.

Die ganze Autofahrt über redet Lea ununterbrochen und Petra merkt, wie der Stress aufsteigt. Doch da sie wahrnimmt, wie wichtig es ihrem Kind ist, sich ihr mitzuteilen, versucht sie aufmerksam zuzuhören, auch wenn es schwerfällt.

Mehrere Kinder, mehrere Bedürfnisse

Gerade wenn Sie mehrere Kinder haben, will jedes Kind Ihre ungeteilte Aufmerksamkeit. Dies ist manchmal sehr schwierig. Je nach Alter der Kinder haben die Kinder ganz unterschiedliche Bedürfnisse und diese wollen erfüllt werden.

Endlich scheint die Sonne wieder. Caro beschließt, mit der fünfjährigen Johanna und dem zweijährigen Paul ins Freibad zu gehen. Die Tasche ist gepackt und alle freuen sich auf einen schönen Nachmittag. Kaum im Schwimmbad angekommen, geht es sofort zum Planschbecken. Dort haben alle ihren Spaß.

Nach 20 Minuten hat Johanna aber genug: „Ich will ins große Schwimmbecken, das hier ist für Babys. Ich bin schon viel zu groß dafür, ich will richtig schwimmen." Jetzt wird es schwierig. Johanna will im Nichtschwimmerbecken mit Schwimmflügeln üben und Paul hat im Nichtschwimmerbecken weniger Spaß. Caro kann keines ihrer Kinder alleine lassen. In jedem Fall ist ein Kind unzufrieden und für Caro wird der Nachmittag anstrengend.

Caro hätte den Schwimmbadbesuch in gewisser Weise vorbereiten können. Dem älteren, verständnisvolleren Kind hätte sie erklären können, dass zuerst das „Babyschwimmen" ansteht und sie sich anschließend gemeinsam im Nichtschwimmerbecken tummeln. Kinder verstehen solche Ansagen. Allerdings oft nicht in der konkreten Situation. Deshalb ist es sinnvoll, vorzuarbeiten. So merken sie, dass ihre Bedürfnisse ernst genommen werden.

Bereits schon in dem Moment, in dem sie den Schwimmbadbesuch angekündigt hat, hätte Caro den Plan erzählen können. So hätte sie sich unnötige Streitigkeiten und Eifersüchteleien zwischen den Geschwistern wahrscheinlich ersparen können.

Bei mehreren Kindern sollten Sie sich ganz bewusst Zeit für jedes einzelne Kind nehmen. Planen Sie Zeitfenster ein, in dem Sie nur Zeit mit einem Kind verbringen. Das andere darf in dieser Zeit die Großeltern oder einen Freund besuchen oder auch mal Fernsehen schauen.

VERLÄSSLICH SEIN

Ihr Kind wird verstehen, wenn Sie ihm sagen: „Ich muss jetzt noch etwas erledigen und dann schaue ich mir dein Bild an." Oder: „Wir bleiben jetzt noch 10 Minuten im Babybecken, danach gehen wir ins große Becken und üben Schwimmen." Wichtig ist, Ihr Kind nicht zu lange warten zu lassen und Ihre Zusagen auch einzuhalten.

Wie kleine Dinge uns achtsam werden lassen

Achtsamkeit beginnt bei jeder alltäglichen, gewöhnlichen Verrichtung: Duschen, Zähneputzen, Essen, Zeitung lesen, Kochen, Bügeln, Autofahren, E-Mails schreiben usw. Wir haben jeden Tag aufs Neue die Möglichkeit, solche alltäglichen Dinge im Autopilot-Modus durchzuführen oder eben im Bewusstseins-Modus.

AUTOPILOT-MODUS ODER BEWUSSTSEINS-MODUS

Man kann Dinge einfach tun, ohne darüber nachzudenken, eben automatisch und nebenbei. Oder man macht etwas bewusst, erlebt es, ist ganz dabei, im Hier und Jetzt.

Versuchen Sie sich über den Tag immer wieder zu fragen: Mache ich das hier jetzt nur nebenbei? Denke ich gleichzeitig schon wieder über etwas anderes nach? Die meisten von uns sind es gewohnt, mindestens zwei Dinge auf einmal zu tun.

Mit der folgenden Übung können Sie die gemeinsame Zeit mit Ihrem Kind bewusst entschleunigen und für intensive Lebensmomente sorgen. Das verstärkt die Bindung zwischen Mutter/Vater und Kind, gibt Kraft für den Tag und macht sie beide belastbarer für Konflikte.

ACHTSAMKEITS-ÜBUNG: ENTSCHLEUNIGEN UND GENIESSEN

Suchen Sie sich für den Anfang pro Tag zwei alltägliche Situationen aus, die Sie gemeinsam mit Ihrem Kind mit voller Aufmerksamkeit tun wollen. Dies können ganz unterschiedliche Sachen sein.

- gemeinsam ein Buch lesen
- Kastanien sammeln
- zusammen in der Badewanne plantschen
- morgens in die Kita laufen
- ein schönes Spiel spielen
- zusammen basteln
- einen Waldspaziergang machen
- eine Schneeballschlacht

Wichtig dabei ist nur, dass Sie sich voll und ganz auf Ihr Kind und die gemeinsame Aktivität konzentrieren. Denken Sie nicht schon an das nächste Meeting oder die Vorbereitung des Abendessens. Legen Sie Ihr Handy am besten in einen anderen Raum und stellen es auf lautlos. Diese Zeit gehört ganz allein Ihrem Kind und Ihnen. Sie werden merken, wie schön das ist und wie gut es beiden tut. Ihr Kind wird entspannt und glücklich sein und auch für Sie werden diese gemeinsamen Aktivitäten zu Kraftquellen.

Je öfter Sie etwas bewusst tun, desto besser wird es Ihnen gelingen. Sie werden durch die vielen kleinen, bewusst erlebten Verrichtungen die Achtsamkeit in Ihren Alltag integrieren. Glauben Sie mir, das geht leichter, als Sie sich ausmalen können. Ihr „Arbeitspensum“ bleibt zwar gleich, aber Sie werden bestimmte Dinge nicht mehr als so belastend empfinden. So können auch Hausarbeiten zur Entspannungsübung werden. Beim Bügeln können Sie wunderbar abschalten und Ihre Gedanken schweifen lassen. Testen Sie es, Sie werden erkennen, dass Sie durch bewusstes Wahrnehmen und die Konzentration auf eine Sache wesentlich entspannter werden.

VON MORGENS BIS ABENDS MEHR ACHTSAMKEIT IM ALLTAG

„Wenn Du es eilig hast, gehe langsam!" In Stressmomenten werden wir hektisch und treiben uns und die Kinder zur Eile an. Wir verfallen in Aktionismus, der die Situation noch verschärft. Das bringt uns nicht weiter.

Keine ruhige Minute – wenn schon der Morgen aus den Fugen gerät

Stellen Sie sich vor, sie werden um kurz vor 7 Uhr wach. Ihr Wecker hat aus unerfindlichen Gründen nicht geklingelt, es ist 20 Minuten später als gewohnt und das noch an einem Arbeitstag voller Termine.

Kennen Sie solche Tage? Sie springen aus dem Bett, stoßen sich den kleinen Zeh an der Bettkante, hechten ins Kinderzimmer und rufen: „Aufstehen, schnell, wir haben verschlafen."

Dann rennen Sie ins Badezimmer, machen sich fertig und gehen mit eiligen Schritten in die Küche um das Frühstück vorzubereiten. Zwischen Brote schmieren und Tee kochen rufen Sie lautstark durch die Wohnung: „Wo bleibst du, in zehn Minuten müssen wir los".

Je höher ihr Stresspegel steigt, desto mehr Druck üben Sie auf Ihr Kind aus. Als sie ins Kinderzimmer kommen sitzt Ihre Tochter in T-Shirt und Strümpfen auf dem Teppich und spielt mit ihrem Puppenhaus. Ihre Stimme wird lauter: „Jetzt trödel mal nicht so rum, beeil dich. In die Kita kommt heute der Waldpädagoge. Willst du zu spät kommen?"

Ihre Tochter fängt an zu weinen und verkriecht sich unter der Bettdecke. Sie versuchen sie zu trösten, doch sie ist außer sich: „Mama, du bist schuld daran. Ich wollte doch noch Blätter sammeln, jetzt bin ich nicht da." Das Drama nimmt seinen Lauf. Ihre Tochter zieht sich jetzt in Zeitlupe an und putzt die Zähne. Dabei weint und schimpft sie vor sich hin. Und auch Ihre Laune ist auf dem Nullpunkt. Sie kommen natürlich viel zu spät in die Kita und zu Ihrer Arbeitsstelle.

Den ganzen Tag tragen Sie das schlechte Gefühl herum, dass Sie das heute Morgen nicht so gut gemacht haben.

An manchen Tagen schlägt die Unachtsamkeitsfalle schon gleich nach dem Erwachen zu.

Die Reaktion Ihres Kindes auf die Hektik am Morgen ist völlig normal. Es wird aus seinen Träumen gerissen und zur Eile angetrieben, ohne die Möglichkeit, langsam und entspannt in den Tag zu starten. Stattdessen soll es sich beeilen und hört Vorwürfe.

Sie selbst sind total gestresst und das überträgt sich natürlich auf ihr Kind. Kein Wunder: In solchen Situation sind wohl die wenigsten Eltern gelassen und achtsam. Doch wie können Sie einen solchen Start in den Tag verhindern?

Ein japanisches Sprichwort gibt die Antwort: „Wenn Du es eilig hast, gehe langsam!“ In Stressmomenten werden wir hektisch und treiben uns und die Kinder zur Eile an. Wir verfallen in Aktionismus, der die Situation noch verschärft. Das bringt uns nicht weiter.

Ein schlechter Start in den Morgen kann immer wieder vorkommen. Der erste Gedanke ist dann meist: „Wie konnte das passieren? Der Wecker war doch an. Warum muss mir das heute geschehen?“ Diese ganzen Grübeleien bringen Sie in diesem Moment nicht weiter, sie lenken Sie nur noch mehr ab und lassen die Stimmung in den Keller sinken. In solchen Situationen ist es hilfreich, ruhig zu bleiben und nach Lösungen zu suchen, um die Situation möglichst wieder schnell in den Griff zu bekommen. Wenn Sie hektisch und unruhig werden, überträgt sich das sofort auf Ihr Kind. Entweder es gerät auch in Hektik oder, was typischerweise vorkommt, es reagiert mit Langsamkeit auf den Druck, den es bei Ihnen spürt.

Wenn Sie nach Lösungen suchen, sollten Sie kurz innehalten und nachdenken, was sinnvoll, praktikabel und einfach umsetzbar ist. Sie dürfen in diesem Fall ihre festgelegten Abläufe auch einmal durchbrechen. Sie könnten Ihrem Kind zum Beispiel sagen, dass heute ein besonderer Tag ist, da sie verschlafen haben. Deshalb frühstücken sie ausnahmsweise einmal nicht zu Hause. Sie fahren an einer Bäckerei vorbei und es darf sich etwas zum Frühstück und für den Kindergarten aussuchen. Dann haben Sie schon Zeit eingespart, können diese für sich und Ihr Kind nutzen und ohne großen Stress starten. Sie investieren besser Ihre Zeit in sich und Ihr Kind anstatt in die am Morgen anfallenden Aufgaben. Für Ihr Kind ist diese Ausnahmesituation ein kleines Abenteuer und kommt – aus Ihrer Sicht – glücklicherweise nicht täglich vor. Doch auch die „normalen“ Tage lassen sich mit mehr Achtsamkeit angenehmer gestalten.

Start in einen achtsamen Tag

Springen Sie nach dem Aufwachen nicht gleich aus dem Bett. Gönnen Sie sich fünf Minuten, in denen Sie wach werden und sich auf Ihren Körper konzentrieren. Hören Sie in sich hinein. Wie geht es Ihnen heute? Was fühlen Sie? Atmen Sie dabei ganz konzentriert ein und aus.

TIPP: SANFTER START IN DEN TAG FÜR KINDER !

Wecken Sie Ihr Kind sanft, in einem ruhigen Tonfall, vielleicht mit leiser Musik. Lassen Sie das Kinderzimmer am besten noch leicht abgedunkelt.

Entwickeln Sie Ihr eigenes achtsames Morgenritual. Vielleicht wecken Sie Ihr Kind mit einem Kuscheltier. Das Tier verkündet, dass es Morgen ist und erzählt eine kleine Geschichte, oder es fragt Ihr Kind, wie es geschlafen hat und animiert das Kind langsam aufzustehen.

Ein anderes Ritual wäre, den Körper langsam erwachen zu lassen: „Guten Morgen liebe Zehen, guten Morgen kleine Füße, guten Morgen stramme Waden" usw. Begrüßen Sie nacheinander die Körperteile von Fuß bis Kopf.

So startet Ihr Kind bewusst entspannt in den Tag. Denken Sie immer an den alten Ratschlag, den schon unsere Großeltern kannten: „In der Ruhe liegt die Kraft!"

Jeder hilft ein bisschen mit

Es ist äußerst hilfreich, wenn jedes Familienmitglied morgens feste Aufgaben übernimmt. Je nach Alter des Kindes kann es kleine Tätigkeiten übernehmen. Dies fördert seine Selbstständigkeit und Ihr Kind wird stolz sein, mitzuhelfen zu können. Vielleicht kann es die Zeitung an der Haustüre holen oder den Frühstückstisch decken. Außerdem können Sie gemeinsam am Vorabend die Kleidung heraussuchen und vorbereiten, so dass es sich am Morgen alleine anziehen kann.

So stärken Sie Ihr Kind

Sprechen Sie mit Ihrem Kind über den anstehenden Tag. Fragen Sie es, was heute in der Kita oder Schule ansteht. Ihr Kind fühlt sich auf diese Weise ernst genommen und spürt, dass es Ihnen wichtig ist. Sollte es Sorgen oder Ängste haben, sprechen Sie ihm Mut zu und zeigen Sie ihm seine Stärken auf. Sagen Sie ihm, dass Sie es lieb haben. Solch ein positiver Start in den Tag stärkt den Zusammenhalt der ganzen Familie. Ihr Kind geht jetzt mit einem Gefühl des Zuspruchs und der Bestätigung aus dem Haus. Dies wird es stärken.

! **TIPP: DU-BIST-GUT-GESPRÄCHE AM MORGEN**

Am Frühstückstisch kann man sich gegenseitig auf einen guten Tag einstimmen.

Was kannst du gut? Was davon wirst du heute machen?
Was finde ich toll an dir?
Worauf freue ich mich besonders, wenn ich dich heute Mittag wiedersehe?

Bewusst frühstücken

Nehmen Sie mindestens eine Mahlzeit pro Tag in Ruhe mit der Familie ein. Essen Sie ganz bewusst, setzen sie sich an den Tisch und kauen Sie jeden Bissen. In unserer von Hektik geprägten Welt wird das Essen oft nicht mehr zelebriert. Stattdessen wird „schnell ein Happen“ gegessen, im Vorbeigehen, auf dem Weg zum Bus hinuntergeschlungen oder während man am Computer arbeitet gesnackt. Versuchen Sie deswegen einmal am Tag, sich beim Essen auf das Riechen, Fühlen, Sehen und Schmecken zu konzentrieren. Gerade ein ruhiger Start mit einem gemeinsamen Frühstück sorgt für den perfekten Tagesauftakt. Die erste Zeit des Tages zusammen zu verbringen sorgt für ein tolles Gemeinschaftsgefühl. Kindern gibt dies Sicherheit und Geborgenheit. Sie können noch einmal Kraft für den abwechslungsreichen Tag schöpfen und auch Ihnen gibt diese gemeinsame Zeit die notwendige Energie. Außerdem können Sie sich mit allen Familienmitglieder austauschen und gegebenenfalls noch Absprachen für den Tag treffen.

ACHTSAMKEITS-ÜBUNG: ACHTSAM ESSEN

1. Ihr Esstisch sollte ein ruhiger und gemütlicher Ort in der Wohnung sein. Natürlich kann auch ein Tresen in einer offenen Küche behaglich sein – wichtig ist, dass es einen angenehmen Platz in der Wohnung gibt, an dem man gerne isst und zusammensitzt. Zwischen Tür und Angel zu essen, oder nur in Eile im Stehen, lässt keinen Raum für Ruhe und Besinnung. Sie können den Tisch mit Ihrem Kind schön eindecken und dekorieren.
2. Nehmen Sie die Mahlzeiten immer ohne Ablenkungen ein. Achtsam essen bedeutet auch: Nebenher keine Zeitung lesen oder Werbeprospekte durchblättern, kein Scrollen am Smartphone und keine Radiomusik.
3. Betrachten Sie Ihr Essen so, als würden Sie es heute zum ersten Mal sehen. Um bei Ihrem Kind die Neugier am Essen zu wecken und seine Aufmerksamkeit darauf zu richten, bitten Sie es, daran zu riechen, es genau anzusehen und Ihnen zu erzählen, was ihm auffällt.
4. Machen Sie ein Spiel daraus: Schließen Sie beide die Augen beim Kauen und nehmen sie jeden Bissen wahr. Was ist wohl darin? Welche Gewürze wurden verwendet? Schmeckt es süß, salzig, sauer, vielleicht sogar bitter? Beschreiben Sie sich gegenseitig, was sie schmecken.

5. Machen Sie mit Ihrem Kind eine Wette ab: Wer einen Bissen zwanzigmal kauen kann, bevor er schluckt, muss nicht abdecken.
6. Beobachten Sie beide: *„Wie lange konntest du es schmecken? Wie lange nimmst du den Nachgeschmack wahr?"*

Abendritual

Wenn der Tag zu Ende geht, dann lassen Sie den Tag gemeinsam Revue passieren. Es ist wichtig, sich gegenseitig zu erzählen, wie man den vergangenen Tag erlebt hat. Dabei kann man über alles sprechen – über das, was toll war und was nicht so toll war, über das, worüber man sich vielleicht geärgert hat.

ACHTSAMKEITS-ÜBUNG: BLICK ZURÜCK

Damit Ihr Kind den Tag positiv abschließt, können Sie es fragen, welche drei Sachen ihm heute besonders gut gelungen sind, auf die es stolz ist oder worüber es sich besonders gefreut hat.

Sie können auch gemeinsam ein Bild malen oder Dinge aufschreiben, auf die Ihr Kind und Sie stolz sind.

Diese Übung fördert schon sehr früh die Reflektionsfähigkeit Ihres Kindes und stärkt sein Selbstbewusstsein. Es sieht am Ende des Tages die schönen Dinge, die es erlebt hat.

An manchen Tagen hat Ihr Kind keine Lust zu erzählen. Dann können Sie auch einfach eine Zeit lang zusammen kuscheln und so Abstand vom Tag gewinnen. Wichtig ist: Beenden Sie den Tag im Frieden. Dinge, über die sich Ihr Kind oder Sie ärgerten, werden in die Nacht geschickt. Das geht so: Sprechen Sie mit Ihrem Kind darüber, was es oder Sie geärgert hat. Ihr Kind kann seinen Ärger auch einem Kuscheltier erzählen. Dann schicken Sie den Ärger zum Mond. Wenn Sie Streit mit Ihrem Kind hatten: Sprechen Sie dies beim Zubettgehen noch einmal kurz an. Sagen Sie ihm, dass es völlig in Ordnung ist, dass man sich manchmal streitet, sie jetzt den Streit aber gemeinsam zum Mond schicken. Morgen ist ein neuer Tag. Was gestern war, war gestern. Loslassen können ist gleichermaßen für Eltern und Kinder wichtig. Der Tagesabschluss sollte immer positiv sein. Sagen Sie Ihrem Kind, dass Sie es lieb haben, egal was heute vorgefallen ist. Es ist schön, wenn Sie ein gemeinsames Abendritual haben, dass sich täglich wiederholt.

RITUALE

- geben Sicherheit
- helfen in schwierigen Situationen
- helfen Gefühle zu kontrollieren
- erleichtern das Zusammenleben

ACHTSAM WAHRNEHMEN – DAS FÜNF-SCHRITTE-PROGRAMM

Wir können das Leben durch unterschiedliche Brillen betrachten, die negative und die positive Brille. Je nachdem durch welche Brille wir gerade schauen, werden wir auch reagieren.

Bestimmt haben Sie selbst schon häufig die Erfahrung gemacht: Mal wird eine Kleinigkeit zum Drama und ein anderes Mal können Sie der unangenehmsten Situation etwas Gutes abgewinnen. Kinder haben die natürliche Gabe, grundsätzlich das Beste und nicht das Schlechteste zu sehen. Sie sind geborene Optimisten und davon können wir Erwachsene uns eine Scheibe abschneiden. Kaum ist ein unangenehmes Erlebnis vorbei, haben sie es meist schon vergessen und sprechen nicht mehr darüber. Sie leben ganz im Moment. Das hilft enorm, unerfreuliche Erlebnisse leichter und schneller zu verarbeiten.

Wir Erwachsenen sind da meist nicht so optimistisch gestimmt. Wie sieht es mit Ihrem Optimismus aus? Ist Ihr Glas eher halb leer oder eher halb voll? Wenn Sie eher zum „halb leer“ neigen, wird sich das möglicherweise auf Ihre Kinder übertragen und deren Persönlichkeit prägen. Eltern sind nun mal die wichtigsten Vorbilder für Kinder, und natürlich versuchen diese in den ersten Lebensjahren so zu sein wie sie.

WAHRNEHMUNG UND BEWERTUNG

- Wir nehmen ständig Informationen durch Reize aus der Umwelt wahr und verarbeiten sie.
- Wir entdecken die Welt durch unsere fünf Sinne (Sehen, Hören, Riechen, Schmecken, Fühlen) und bewerten.
- Unbewusst und bewusst nehmen wir Eindrücke auf und mischen Sie mit dem, was wir schon wissen und kennen.

Denken Sie einmal darüber nach, welcher Typ Sie wohl eher sind. Können Sie sich spontan und locker über etwas freuen? Können Sie Dinge annehmen und die guten Dinge erkennen? Können Sie den Moment genießen? Gehören Sie zu den Menschen, die sagen: „Es ist schön, aber …“? Beantworten Sie sich diese Fragen ehrlich. Sie sind Vorbild, auch in Sachen Optimismus!

Optimismus kann man lernen

Oft ist es uns nicht bewusst, wie viele schöne kleine Momente wir im Laufe des Tages erleben. Sie passieren so nebenbei und wir finden das selbstverständlich. Die negativen Situationen hingegen, die uns ärgern und verletzen, bleiben haften. Die meisten Menschen neigen dazu, mehr darüber zu sprechen, was nicht gut gelaufen ist, als darüber, was ihnen Gutes passiert ist.

Aus der Forschung weiß man, dass es mindestens drei positive Erlebnisse braucht, um ein negatives Erlebnis zu vergessen. Versuchen Sie deshalb, Ihren Blickwinkel zu verändern und sich auf die positiven Momente zu konzentrieren. Sie werden merken, dass Sie plötzlich vieles anders wahrnehmen.

Eine kleine Geschichte zeigt Ihnen, wie schnell Sie Ihren Blick auf das Positive lenken können.

DIE GLÜCKSBOHNEN

Eine alte, weise Frau verließ ihr Haus nie, ohne vorher eine Handvoll Bohnen einzustecken. Sie tat dies nicht, um unterwegs die Bohnen zu kauen. Nein, sie nahm die Bohnen mit, um so die schönen Momente des Lebens besser zählen zu können.

Für jede Kleinigkeit, die sie tagsüber erlebte – zum Beispiel einen fröhlichen Schwatz auf der Straße, ein köstlich duftendes Brot, einen Moment der Stille, das Lachen eines Menschen, eine Berührung des Herzens, einen schattigen Platz in der Mittagshitze, das Zwitschern eines Vogels – für alles, was die Sinne und das Herz erfreut, ließ sie eine Bohne von der rechten in die linke Jackentasche wandern.

Manchmal waren es auch zwei oder drei Bohnen, die auf einmal den Platz wechselten.

Abends saß die weise Frau zu Hause am Kamin und zählte die Glücksbohnen aus der linken Jackentasche. Sie zelebrierte diese Minuten. So führte sie sich vor Augen, wie viel Schönes ihr an diesem Tag widerfahren war, und freute sich darüber.

Sogar an den Abenden, an denen sie nur eine einzige Bohne zählte, war jeder Tag für sie ein glücklicher Tag – es hatte sich gelohnt, ihn zu leben.

(Verfasser unbekannt)

Achtsam mit Kindern sprechen

Auch für Kinder sind schlechte Nachrichten natürlich schwieriger zu verarbeiten, obwohl sie geborene Optimisten sind.

Seit Wochen freut sich Lukas auf den geplanten Ausflug in einen Erlebnispark. Täglich fragt er nach und möchte wissen, welche Attraktionen es dort gibt. Er freut sich darauf, mit seinen Eltern auf der großen Wildwasserbahn zu fahren und im Anschluss eine Riesenportion Eis zu genießen.

Endlich steht das ersehnte Wochenende an. Sonntags soll der Ausflug beginnen, aber am Freitagnachmittag regnet es in Strömen. Die Eltern unterhalten sich über den bevorstehenden Ausflug. „Das mit dem Park können wir vergessen, es hat sich eingeregnet, außerdem sagt die Wetter-App nichts Gutes voraus!"

Lukas hört diesen Dialog und ist traurig.

Als es am Samstag immer noch regnet und die Eltern schon über ein Alternativprogramm beratschlagen, bricht das Weltbild von Lukas entzwei. Er ist traurig und wütend zugleich. Der Samstag ist für die ganze Familie eine Geduldsprobe. Weinend geht der Tag zu Ende. Am besagten Sonntag hat der Regen aufgehört, der Himmel ist klar und der Ausflug kann wie geplant beginnen. Der Ärger im Vorfeld war umsonst.

Kennen Sie diese Situation? Schlechtes Wetter ist angesagt und Sie als Eltern planen für den Ernstfall. Das kann ein Kind nicht nachvollziehen.

Natürlich hätte es am Sonntag auch regnen können, dann wäre der Ausflug buchstäblich ins Wasser gefallen. Aber das ist sachliches Erwachsenen-Denken, und es verunsichert Kinder unnötig. Am sinnvollsten wäre es gewesen, das Thema Wetter nicht vor dem Kind anzusprechen bis Klarheit herrscht. Alles andere frustriert Lukas eher. Er hat sich wochenlang auf den Ausflug gefreut und jetzt könnte es sein, dass daraus nichts wird. Sicher ist es aber auch nicht. Er macht sich Sorgen und ist enttäuscht.

Wenn sich dann doch herausstellt, dass es am Ausflugstag regnet, ist es wichtig, das Kind mit seiner Enttäuschung aufzufangen. In solchen Situationen sollten Sie sich in Ihr Kind hineinversetzen und auf seiner Ebene mit ihm sprechen. Für Ihr Kind ist dies im Moment die größte Enttäuschung und es hat allen Grund traurig zu sein. Versuchen Sie ihm zu erklären, warum es nicht sinnvoll ist heute in den Park zu fahren: „Schau mal, wenn es regnet, macht es keinen Spaß mit der Wildwasserbahn zu fahren. Wir sind dann ganz nass, können den Tag nicht genießen. Wir verschieben den Ausflug auf einen sonnigen Tag und gehen stattdessen heute ins Kino und danach ein Eis essen.“ Kinder können damit viel besser umgehen als mit vagen Vermutungen und Befürchtungen. Wichtig ist immer, wie Sie ihm solche Situationen vermitteln.

Ihr Kind muss Ihr Verhalten nachvollziehen können. Es ist wenig hilfreich, im Vorfeld die Dinge schwarz zu malen, wenn die Möglichkeit besteht, dass es doch anders kommt. Stecken Sie Ihr Kind nicht mit Pessimismus an. Das kostet Sie unnötig Nerven und macht Ihr Kind nur ängstlich oder wütend. Wenn dann wirklich eine Planänderung nötig wird, können Sie diese immer noch kindgerecht erklären. Hier stelle ich Ihnen eine schöne Methode vor, um Ihr Kind altersgerecht abzuholen.

! TIPP: WUNSCHKONZERT ANSTATT FRUST

1. Versuchen Sie, sich im Vorfeld emotional in Ihr Kind hinein zu versetzen. Wie geht es ihm mit der Aussage. Was fühlt es?
2. Erklären Sie Ihrem Kind, warum der Ausflug, das Geschenk oder der Besuch von Freunden nicht möglich ist.
3. Sagen Sie ihm, dass Sie verstehen, dass es traurig, wütend oder enttäuscht ist. Zeigen Sie ihm, dass es Ihnen auch so geht, Sie aber beispielsweise an dem Wetter nichts verändern können.
4. Suchen Sie jetzt mit Ihrem Kind gemeinsam Alternativen.
5. Jedes Familienmitglied überlegt, was es anstatt des geplanten Ausflugs gerne tun möchte. Jeder hat zwei Wünsche frei.
6. Schreiben oder malen Sie alle Ideen auf.
7. Dann entscheidet der Familienrat gemeinsam, was stattdessen gemeinsam unternommen wird.

Diese Übung lenkt den Fokus des Kindes von der negativen Wahrnehmung auf die positive Wahrnehmung. Es wird immer wieder Situationen geben, von denen es enttäuscht ist oder in denen seine Erwartungen nicht erfüllt werden. Wenn es schon frühzeitig lernt, dass es Lösungen für Probleme gibt, steigert das die optimistische Grundeinstellung.

Eine Klientin, Mutter von drei Kindern, hat mir berichtet, dass diese Form des achtsamen Umgangs miteinander das Familienleben sehr bereichert hat. Bei drei Kindern gibt es immer Konflikte, weil sich ein Kind benachteiligt fühlt oder bestimmte Wünsche nicht erfüllt werden können. Durch das Wunschkonzert versetzen sich die Kinder in den anderen hinein, entwickeln Verständnis füreinander und entwickeln gemeinsam tragfähige Lösungen.

„Es ist ein himmelweiter Unterschied, ob wir eine Wand von innen oder von außen betrachten."

Brigitte Fuchs

Wie der Vater, so der Sohn

Für Ihr Kind sind Sie das große Vorbild. Es orientiert sich an Ihnen und je jünger das Kind ist, umso eher wird es jedes Wort für bare Münze nehmen. Deshalb sollten Sie immer abwägen, was Sie sagen. Hier können gerade die alten Sprüche, die Großeltern häufig noch sagen, für Verwirrung oder sogar Tränen sorgen.

„Hals- und Beinbruch!" wünscht der Nachbar zum Beispiel vor dem Skiurlaub. Bestimmt kennen Sie auch solche Redensarten. Wir haben diese Sprüche verinnerlicht ohne groß darüber nachzudenken. Sie sprudeln manchmal einfach heraus, und hinterher ärgert man sich über sich selbst. Natürlich können Worte aus der Situation heraus nicht sorgsam gewählt werden, aber wenn Sie merken, dass Sie etwas gesagt haben, was Ihnen nachher leid tut oder was Sie selbst nicht gut finden, sollten Sie das Ihrem Kind sagen.

Ironie und Sarkasmus

Vor allem in den ersten Lebensjahren können Kinder noch nicht den Unterschied zwischen einem Scherz und einer ernst gemeinten Aussage wahrnehmen. Es vertraut seinen Eltern voll und ganz, glaubt alles, was sie sagen. Ironische Bemerkungen kann es noch gar nicht verstehen und natürlich auch nicht damit umgehen. Wundern Sie sich deshalb nicht, wenn Ihr Kind komisch oder wütend auf eine Aussage von Ihnen reagiert.

Mein Mann brachte unseren Sohn abends ins Bett. Da die Kita-Gruppe am Vormittag am Erntedankgottesdienst teilgenommen hatte, fragte er: „Papa, kennst du ein Gebet?"

Auf die Schnelle viel meinem Mann ein kleines Gebet aus seiner Kindheit ein. „Ich bin klein, mein Herz ist rein, soll niemand drin wohnen als Jesus allein." Unser Sohn rief empört: „Papa, hör auf, ich bin nicht klein!" Rasch suchte mein Mann nach einem anderen Spruch: „Lieber Gott, mach mich fromm, dass ich in den Himmel komm." Auch dieses Gebet empörte unseren Sohn: „Nein, ich will nicht in den Himmel. Papa, wir lassen das Beten lieber sein."

Kinder sind ganz sensibel und hellhörig. Da sie noch nicht zweifeln oder bestimmte Aussagen kritisch beäugen, wird das, was Erwachsene sagen, geglaubt und für real befunden. Hinterfragen Sie manche Dinge, die Sie zu Ihrem Kind sagen. Versuchen Sie eine Sprache zu entwickeln, die Sie und Ihr Kind verstehen. Dies ist die Basis für eine achtsame Kommunikation in der Familie.

Entspannt gemeinsam essen

Aufgrund seiner Entwicklung nimmt Ihr Kind oftmals andere Dinge wahr. Es ist viel kleiner als Sie und sieht die Blume am Wegesrand, die Geldmünze auf der Straße oder es hat Angst vor dem Hund der Nachbarin, weil er ihm groß und gefährlich erscheint. Es hört manche Geräusche intensiver oder blendet andere völlig aus. Ihm schmecken bestimmte Dinge einfach nicht.

Von einem Tag auf den anderen will Lisa partout keinen Spinat mehr essen. Bisher hatte sie liebend gerne Spinat in aller Form gegessen, doch eines Tages kam sie aus dem Kindergarten und verkündete: „Spinat esse ich nicht, das ist Entenkacka." Sie hatte mit dem Kindergarten einen Ausflug an einen See gemacht und ihr Freund Jonas hatte ihr erzählt, dass Entenkacka wie Spinat aussähe. Lisas Mutter lacht und meint: „Das ist nicht wahr. Lass dir nichts einreden!"

Wenn Ihr Kind eine plötzliche Abneigung gegen ein bestimmtes Lebensmittel entwickelt, sollten Sie diese Widerstände ernst nehmen. Es nimmt dies im Moment so wahr und da helfen keine sachlichen Argumente. Sie werden es nicht überzeugen können, egal wie gut Sie argumentieren. Druck hilft Ihnen hier auch nicht weiter. Wichtig ist Verständnis zu zeigen und Ihr Kind zu nichts zu zwingen.

Die Mutter von Lisa hat ihre Tochter übrigens auch nicht dazu gezwungen, weiterhin Spinat zu essen. Nach ein paar Wochen fuhr sie mit ihr auf den Wochenmarkt und hat dort frischen Spinat gekauft. Die Marktfrau erklärte Lisa, wo und wie der Spinat wächst. Zuhause angekommen haben sie den Spinat gemeinsam gewaschen und dann zusammen einen leckeren Spinatauflauf gekocht. Seitdem isst Lisa wieder liebend gerne Spinat.

Ähnliche Geschichten haben Sie wahrscheinlich mit Ihrem Kind auch schon erlebt. Wir Eltern sagen dann manchmal leicht überheblich: „So ein Quatsch!“ Aber das ist nur unsere Wahrnehmung. Für das Kind sieht die Sache eben gerade genau so aus. Ihr Kind wird irgendwann selbst erkennen, dass seine Wahrnehmung nicht stimmt. Sie können es dabei natürlich liebevoll unterstützen und ihm einen anderen Blickwinkel aufzeigen.

Das Essen genießen

Essen ist immer ein Thema in der Familie. Leider steckt im gemeinsamen Essen immer viel Konfliktpotenzial. Mir persönlich ist es wichtig, dass wir in der Familie möglichst viele Mahlzeiten zusammen einnehmen, und dabei sind Störer, wie etwa Smartphones und Tablets, am Tisch tabu. Wir warten auch aufeinander, bis alle am Tisch sitzen und fangen dann gemeinsam an zu essen, nachdem wir uns einen guten Appetit gewünscht haben. Wir reden auch über die Nahrungsmittel, so dass das Essen im Fokus steht. Natürlich wird bei Tisch auch über dies und das geredet, trotzdem steht das Essen im Vordergrund. Das mag sich etwas konservativ anhören, erscheint mir jedoch als ein wichtiger Bestandteil achtsamen Familienlebens. Achtsamkeit heißt hier: Aufeinander Rücksicht nehmen, in diesem Moment nur hier sein und sich Zeit füreinander nehmen.

Essen ist ein fester, wichtiger Bestandteil der Tagesstruktur. Kinder brauchen Strukturen und sie lernen sie im Elternhaus, im Kindergarten und später in der Schule. Gemeinsames Essen ist ein Gewinn für alle. Sie werden merken, dass Ihr Kind das gemeinsame Essen liebt. Natürlich darf es auch mal die Tüte Chips vorm Fernseher sein, aber ein festes Essensritual halte ich für sehr nützlich und wichtig, auch im Familienverbund.

Schlechte Esser

Manche Kinder sind einfach „schlechte Esser“. Essen scheinen sie nicht zu brauchen, haben keinerlei Interesse an gesundem Essen oder essen wie ein Vögelchen kleine Häppchen zwischendurch. Daran verzweifeln manche Eltern. Gerade für diese Kinder ist es wichtig, ein gemeinsames Essensritual zu finden und sie an das Essen heranzuführen. Wichtig ist es hier, konsequent zu bleiben. Wenn Ihr Kind bei Tisch nichts essen will, gibt es im Anschluss auch keine Süßigkeiten. Viele Eltern sind so froh, dass ihre Kinder überhaupt etwas essen, dass sie zwischendurch immer kleine Snacks bereithalten und anbieten. Das ist nicht hilfreich und verhindert, dass Kinder achtsam, nämlich bewusst essen.

Man sollte Kinder nicht zwingen, etwas zu essen, man kann es aber unterstützen, indem man das Essen kindgerecht und ansprechend zubereitet und darauf achtet, dass es nicht den ganzen Tag unkontrolliert Kleinigkeiten gibt. Dann machen die gemeinsamen Mahlzeiten allen mehr Spaß.

TIPP: LUSTIGE GESICHTER UND SCHLANGEN AUF DEM TISCH

Kinder lieben buntes Essen, und es ist nicht schwer, ein belegtes Brot so aufzupeppen, dass es lustig und fröhlich aussieht. Machen Sie zum Frühstück ein Brot mit einem Gesicht aus Beeren oder Bananen und Haaren aus Apfelschnitzen. Oder dekorieren Sie das Abendbrot mit Radieschen-Augen und Paprika-Haaren. Wenn Sie Inspirationen suchen – im Internet finden Sie zahllose Ideen dazu.

Auch das Mittagessen können Sie liebevoll gestalten. Fleischbällchen mit Gemüsescheiben auf kleinen Piratensäbeln aus Holz machen allen Spaß. Oder es schlängelt sich eine Gemüseschlange aus einer Gurke, mit Möhren, Kohlrabi und feinem Kräuterdip auf dem Tisch. Schön dekoriertes Essen macht Ihr Kind neugierig und Sie können die Lust auf Neues wecken. Auch Zutaten, die es sonst nicht so gerne isst, werden – originell dargeboten – gerne probiert.

Wenn Ihr Kind schon etwas größer ist, können Sie die Mahlzeiten gemeinsam zubereiten. Obst waschen, Gemüse schälen oder Vorkosten können schon kleine Kinder. So bekommen sie schon früh einen Bezug zum Essen, und für Ihr Kind ist es nicht selbstverständlich, dass das Essen immer fertig auf dem Tisch steht. Es lernt achtsam mit Nahrungsmitteln umzugehen.

! **TIPP: ZUSAMMEN KOCHEN**

Suchen Sie gemeinsam in der Buchhandlung ein schönes Kinderkochbuch aus. Jedes Kind darf einmal in der Woche ein Gericht daraus aussuchen. Das können Sie zusammen zubereiten – ältere Kinder können bestimmt schon das meiste alleine erledigen und die anderen Familienmitglieder damit beeindrucken. Ihr Kind wird auf jeden Fall stolz sein, dass es heute „sein" Essen gibt.

Sollte ihr Kind trotz allem ein „schlechter Esser“ bleiben, sollten Sie abklären lassen, ob es Ihrem Kind gut geht und es ausreichend versorgt ist. Wenn dies der Fall ist, lassen Sie das Thema Essen am besten ruhen. Denn je mehr Sie darüber reden, Ihr Kind versuchen zu überzeugen oder sogar zwingen zu essen, desto mehr Widerstand wird dies bei Ihrem Kind hervorrufen. Das Essen wird dann zum Konflikt und es entwickeln sich Machtspiele zwischen Ihnen und Ihrem Kind. Deshalb ist es manchmal besser, nicht zu reagieren und gelassen abzuwarten, wie sich alles entwickelt. Vieles erledigt sich mit der Zeit von ganz alleine.

Essen mit allen Sinnen

Eine sehr schöne Übung, um Essen mit allen Sinnen wahrzunehmen, ist die Rosinenübung. Hierbei lernt Ihr Kind spielerisch, sich zu konzentrieren, zu fokussieren und sein Essen zu genießen.

Diese Übung hilft gerade Kindern, die wenig Interesse an den Mahlzeiten haben, sich auf das Essen zu konzentrieren und es ganz bewusst wahr zu nehmen. Sie merken deutlich wie es sich anfühlt, wie es schmeckt, und beschäftigen sich dadurch mit dem Lebensmittel, das ihnen vorher vielleicht nicht wichtig war.

Sie brauchen dafür nur einige Rosinen, dann kann das Spiel schon losgehen. Gewinner ist, wer es schafft die Rosine am längsten im Mund zu behalten.

ACHTSAMKEITS-ÜBUNG: DIE ROSINENÜBUNG

Setzen Sie sich gemeinsam auf den Boden und geben Sie Ihrem Kind eine Rosine. Leiten Sie es wie folgt an:

1. *Lege die Rosine auf deine Hand und schau sie dir genau an. Wie sieht sie aus? Was ist besonders an ihr? Welche Farbe hat sie? Beschreibe die Rosine.* (Jeder beschreibt seine Rosine.)
2. *Schließe jetzt die Augen. Sie sind fest zusammen und dürfen nun nicht mehr geöffnet werden. Fühle nun die Rosine. Wie fühlt sie sich an?*
3. *Lass deine Augen weiterhin geschlossen. Denk darüber nach, woher die Rosine kommt. Wo denkst du, ist sie gewachsen? Wer hat die Rosine geerntet? Wie kam sie zu dir nach Hause?*
4. *Deine Augen sind immer noch geschlossen. Rieche nun bitte an der Rosine. Wie riecht sie? Erinnert sie dich an etwas Bestimmtes?*
5. *Nun darfst du die Rosine gleich in den Mund stecken. Lass deine Augen weiterhin geschlossen und denk daran, die Rosine nicht sofort zu schlucken. Steck deine Rosine in den Mund, noch nicht*

kauen. Was passiert? Was schmeckst du? Jetzt darfst du auf die Rosine beißen. Wie schmeckt sie? An was erinnert sie dich?
6. *Nun darfst du die Rosine schlucken. Denk darüber nach, was jetzt mit der Rosine passiert. Welchen Weg nimmt sie in deinem Körper?*

Lassen Sie sich Zeit für dieses Wahrnehmungsspiel und sprechen Sie ruhig und langsam. Lassen Sie Ihrem Kind ausreichend Zeit zu sehen, fühlen, denken, riechen und zu schmecken. Sie können die Übung natürlich auch mit anderen Lebensmitteln machen. Die Rosinenübung beruhigt den Geist. Gerade wenn Ihr Kind nervös ist oder sich nicht konzentrieren kann, hilft sie. Da Ihr Kind sich auf das Hier und Jetzt konzentriert, können seine Gedanken nicht abschweifen und es ist ganz bei der Sache. Wenn die Übung zu lange für Ihr Kind ist, lassen Sie Teile davon weg. Sie kennen Ihr Kind und merken, wenn es keine Lust mehr hat, sich auf dieses Spiel einzulassen.

Mit Unordnung umgehen

Wenn Kinder spielen, spielen sie und lassen sich von nichts beeinflussen. Sie veranstalten manchmal das absolute Chaos, scheinen es nicht einmal zu bemerken und fühlen sich total wohl darin. Erwachsene hingegen stört das manchmal schrecklich. Sie ärgern sich etwa über bunte Kindersocken unter der Couch, ein Kinderzimmer, in dem alles herumliegt oder den Parcours aus Bausteinen im Wohnzimmer. Ihrem Kind fällt diese, für Sie störende, Unordnung überhaupt nicht auf. Es ist ihm einfach nicht wichtig. Woran liegt das?

Auch in Bezug auf das Thema Ordnung und Sauberkeit haben Kinder eine völlig andere Wahrnehmung. Den meisten Erwachsenen sind diese Dinge wichtig und sie verwenden viel Zeit darauf, aufzuräumen und sauber zu machen. Kinder sehen darin meist gar keine Notwendigkeit. Sie können auch in einem unordentlichen Kinderzimmer wunderschön spielen. Solange sie finden, was sie brauchen ist alles gut. Spaß an der Sache ist wichtig und nicht das drum herum.

Sie holen Ihr Kind nachmittags aus der Schule ab. Kaum haben Sie die Haustüre aufgeschlossen, wird der Ranzen in die Ecke geworfen. Während Sie die Einkäufe in die Küche bringen, verteilt Ihr Kind seine Utensilien im Haus. Die Schuhe landen im Wohnzimmer, die Jacke im Flur und die Socken im Badezimmer. Der Turnbeutel wird mitten in der Küche platziert. Als Sie die Einkäufe verstaut haben und sich umsehen, trifft Sie der Schlag. Das Chaos beherrscht ihr am Morgen noch aufgeräumtes Haus. Sie können jeden Schritt Ihres Kindes nachverfolgen und finden es schließlich im Kinderzimmer. Dort sitzt es auf dem Teppich und spielt seelenruhig mit seinem Ponyhof.

Sie ärgern sich über dieses Chaos und Ihr Kind bemerkt es nicht einmal. Deshalb ist es wichtig, solche Unstimmigkeiten auch zu thematisieren. Es nützt nichts, dass Sie Ihrem Kind ständig hinterher räumen und sich ärgern. Sprechen Sie mit Ihrem Kind darüber und erklären Sie ihm, was Sie stört, sonst wird es sich nur wundern, warum Sie so reagieren. Es kann nicht verstehen, warum es aufräumen soll. Nach seiner eigenen Wahrnehmung lebt es sich im Chaos genauso gut.

Wenn Kinder nicht mehr im Kleinkindalter sind, können Sie schon für gewisse Dinge Verantwortung übernehmen. Sie können mit Ihrer Hilfe ihr Zimmer aufräumen. Sie können lernen, ihre Kleider nicht überall herum liegen zu lassen und Ihnen dadurch schon Arbeit ersparen. Erklären Sie Ihrem Kind, dass Sie es nicht schön finden, wenn Sie ihm immer hinterher räumen müssen. Dass Sie sich darüber freuen würden, wenn es auch ein wenig Ordnung halten würde und sie dann auch viel mehr Zeit hätten, gemeinsam zu spielen. Die Zeit, die Sie abends fürs Aufräumen brauchen, können Sie dann nutzen, um mit Ihrem Kind zu spielen oder vorzulesen.

! **TIPP: ORDNUNG SCHAFFEN**

- Schaffen Sie Ordnungssysteme, die Ihrem Kind das Aufräumen erleichtern: Eine Kiste für Bausteine, ein Regal für Bücher, eine Kiste für Puppensachen, eine Schublade für Brettspiele, eine Box für Kuscheltiere.
- Lassen Sie Ihr Kind festlegen, was in welche Kiste kommt. Dann erinnert es sich leichter und identifiziert sich damit.
- Legen Sie feste Plätze für bestimmte Dinge fest: Socken in der untersten Schublade, Hosen im zweiten Fach, Jacken an der Garderobe, Schuhe im Regal.
- Stellen Sie Ihrem Kind eine „Alles-egal-Kiste" zur Verfügung. In diese Kiste darf es alles tun, was es nicht einsortieren oder wegräumen will.
- Räumen Sie zweimal jährlich die Kisten gemeinsam mit Ihrem Kind auf und sortieren Sie Dinge aus. Wir nutzen dieses Aufräumen, um intakte, nur noch selten genutzte Spielsachen ins Sozialkaufhaus zu bringen, um anderen Kindern damit eine Freude zu machen. Unser Sohn ist immer stolz, dass er seine Sachen abgibt und lernt nebenbei das Loslassen von Dingen.

Einmal gar nichts tun

Kennen Sie das Spiel „Gar nichts tun?" Was soll das jetzt, werden Sie sich fragen, aber ich meine es ernst. Haben Sie sich einmal überlegt, wie oft Ihr Kind die Gelegenheit hat, gar nichts zu tun, nicht beschäftigt zu sein, nichts zu müssen?

Ich erinnere mich gerne an meine Kindheit, eine Zeit, die mir ein Fundament gab. Ich lebte in einer ländlichen Gegend. Damals war es üblich, in Gruppen mit anderen Kindern durch das Gelände zu streifen. Natürlich wussten meine Eltern ungefähr, wo ich mich befand und sie wussten, mit wem ich spielte. Damals gab es in der Nachbarschaft zahlreiche Landwirte. Das bedeutete für uns Kinder, dass es Ställe, ruhige Ecken und allerhand zu entdecken gab. In den Ferien lebten wir in den Tag hinein und ließen uns treiben. Dieses Treibenlassen wünsche ich mir heute oft zurück. Geben wir unseren Kindern dieses Gefühl? Ist es nicht mal in Ordnung, wenn ein Samstag vergeht – ohne sich zu verabreden, etwas zu besorgen oder irgendeinen Kurs mitzumachen?

Mit meinem Sohn spiele ich oft das „Gar-nichts-tun-Spiel“. An einem sonnigen Tag legen wir uns in eine Wiese und schauen den Wolken nach. Einer erzählt dem anderen, welche Figuren er in den Wolken sieht. Nebenbei wird so einiges beredet, was meinen Sohn bewegt. Die Zeit, so empfinden wir es beide, vergeht wie im Flug. Abends, beim zu Bett bringen, muss ich ihm immer wieder versprechen, dass wir solche Spiele öfter spielen.

ACHTSAMKEITS-ÜBUNG: WOLKENGESCHICHTEN

Suchen Sie sich mit Ihrem Kind ein schönes Plätzchen, an dem Sie freie Sicht auf den Himmel haben. Am besten geht es, wenn „Schäfchenwolken“ am Himmel zu sehen sind.

Legen Sie sich flach ins Gras auf den Rücken und beobachten Sie, wie die Wolken dahin ziehen. Nehmen Sie wahr, wie die Wolken sich verändern.

Versuchen Sie in der Wolke eine Form, ein Tier, einen Gegenstand zur erkennen.

Zeigen Sie Ihrem Kind „Ihre“ Wolke und erklären Sie ihm, was Sie darin erkennen.

Bitten Sie nun Ihr Kind, sich eine Wolke auszusuchen und Sie Ihnen zu zeigen.

Lassen Sie sich erzählen. Entwickeln Sie gemeinsam eine kleine Wolkengeschichte.

Diese Achtsamkeits-Übung wirkt sehr entschleunigend, regt die Fantasie an und fördert die visuelle Wahrnehmung und Kreativität. Außerdem macht sie ganz viel Freude und beschert Ihnen wundervolle gemeinsame Momente mit Ihrem Kind. Ich kann Sie nur dazu ermuntern, sich auf das „Schlendern" einzulassen. Das tut Ihrem Kind und Ihnen gleichermaßen gut.

! TIPP: ERINNERUNGEN BEWAHREN

Schreiben Sie sich solche Momente in ein kleines Buch und sammeln Sie sie darin. Es wird später ein wertvoller Schatz für Sie sein, denn es ist Ihre gemeinsame Geschichte.

Sie haben jetzt viel über die unterschiedliche Wahrnehmung von Kindern und Erwachsenen gelesen. Sie sind Vorbild in allen Bereichen. Ob es um das Thema Einstellung zu Leben, Sprache, Humor, Essen oder Faulenzen handelt, in allen Bereichen lernt Ihr Kind von Ihnen. In einem Bereich haben Kinder uns aber viel voraus: Im Bereich der visuellen Wahrnehmung sind sie wesentlich aufmerksamer als Erwachsene. Sie nehmen Dinge wahr, die wir überhaupt nicht mehr bemerken. Es macht Spaß die Welt wieder mit Kinderaugen zu sehen und Vergessenes neu zu entdecken.

Mit dieser Übung bekommen Sie einen neuen Blickwinkel auf Ihre Umwelt und können Ihrem Kind gleichzeitig eine Perspektive eröffnen, die es noch nicht kennt. Ein gemeinsamer Spaziergang mit neuem Wahrnehmungsfokus macht allen Beteiligten Spaß, sie lernen voneinander und er lässt Sie die Welt mit den Augen des anderen sehen.

ACHTSAMKEITS-ÜBUNG: MEINE UMWELT WAHRNEHMEN

1. Machen Sie mit Ihrem Kind einen Spaziergang in Ihrem Wohngebiet, im Wald oder gehen Sie mit ihm den Weg zum Kindergarten. Beobachten Sie beide, was Sie „wahrnehmen".
2. Ihr Kind fängt an. Es zeigt Ihnen etwas, was es sieht, hört oder riecht. Sie werden sich wundern, worauf Ihr Kind den Fokus legt. Das sind ganz andere Sachen, lassen Sie sich überraschen. Es ist kleiner als Sie, es ist aufmerksamer als Sie, und es sieht und hört und riecht ganz andere Dinge.
3. Jetzt sind Sie dran. Lenken Sie nun bewusst die Wahrnehmung Ihres Kindes auf bestimmte Dinge. „Schau mal, in diesem Strauch brüten Vögel. Hörst du sie zwitschern? Hier fliegt ein Schmetterling."
4. Die Übung können Sie auch auf einer langen Autofahrt machen.

WARUM WIR RESPEKTVOLL MITEINANDER SPRECHEN SOLLTEN

Achtsame Kommunikation ist vor allem wertschätzende Kommunikation. Wir hören dem anderen aufmerksam zu und zeigen ihm, dass wir ihn ernst nehmen. Das geht nicht ohne Respekt.

Wenn wir in der Familie immer wertschätzend, offen und klar kommunizieren würden, wäre das wunderbar. Aber das schafft niemand. Manchmal sind wir gestresst und möchten unsere Ruhe haben. Oder unser Kind hat einen schlechten Tag und fordert uns mehr als sonst. Dann kann unsere Antwort auch mal ein wenig lauter oder ungehalten ausfallen. Unsere Kinder registrieren das sehr schnell. Sie halten uns in solchen Situationen den Spiegel vor.

SENDER UND EMPFÄNGER

Wenn Menschen miteinander sprechen, werden sie zu Sendern und Empfängern. Der Sender möchte etwas mitteilen. Dies kann er sprachlich, durch Worte tun oder nicht-sprachlich, durch Gesten, Mimik oder Körpersprache. Er sendet auf jeden Fall Signale aus. Der Empfänger nimmt die Signale auf, interpretiert sie und reagiert entsprechend.

Nett sein ist keine Einbahnstraße!

EIN TYPISCHER MONTAG

Morgens verbrennen die Brötchen im Backofen und ein Müslirest dient für alle als Notmahlzeit. Dazu noch der Stau Richtung Kindergarten und die Hetze zur Arbeitsstelle. Da sich ein Termin nach vorne verschoben hat, wird man sehnsüchtig erwartet und ohne „Warmlaufen" geht der Termin los.

Abends geht es ähnlich anstrengend weiter, denn alle Familienmitglieder hatten einen schweren Tag. Der Jüngste hatte im Kindergarten eine Rauferei, seine Lieblingshose hat nun ein Loch und die Erzieherin hat ihm nicht geglaubt, dass er „eigentlich nichts gemacht hat". Die Große möchte endlich die neue CD ihrer Lieblingsgruppe. Alle in ihrer Klasse haben das Teil, sie möchte unbedingt das Original, da die Hülle so toll gestaltet ist und sogar noch ein Poster als Geschenk dabei ist. Da ihr Taschengeld aufgebraucht ist und sie nicht auf den nächsten Monat warten will, hofft sie auf einen Zuschuss von ihren Eltern.

Der Vater kommt angespannt von der Arbeit. Neben Ärger im Job bemerkte er beim Ausparken den Poller nicht und hat sich die Stoßstange ruiniert.

Kurz gesagt, jeder ist genervt und beim Abendessen entlädt sich die Stimmung: Der Kleine will keine Oliven essen, der Vater möchte eine Grundsatzdiskussion führen und klar machen, warum man immer alles probieren sollte. Da die Nerven blank liegen, fallen der Ton seiner Stimme und die Wortwahl recht grob aus. Der Kleine kontert ebenfalls unverhältnismäßig und die Situation endet damit, dass der Junge in sein Kinderzimmer rennt. Die Große nutzt die Chance, um wieder auf den CD-Wunsch zu sprechen zu kommen. Die Mutter meckert, sie hätten das Thema doch ausführlich besprochen und der Vater meint, er wolle einmal am Tag in Ruhe essen. Daraufhin verlässt auch die Tochter das Spielfeld, die Eltern sitzen sich wortlos gegenüber und schmollen. Was für ein Tag!

Solche Tage kennen wir alle. Manchmal enden sie glimpflich und an anderen Tagen drohen sie zu eskalieren. Woran liegt das? Jedes Familienmitglied hatte an diesem Tag unschöne, nervenzehrende Erlebnisse. Alle sind angespannt und die Nerven liegen blank. Jeder muss mit seinen negativen Emotionen umgehen und dann bringt ein kleiner Tropfen das Fass schnell zum Überlaufen.

Wenn die Kommunikation im Konflikt endet, geht es häufig nicht um die Sache. Vielmehr streiten wir wegen negativer Gefühle, Frustration und Enttäuschungen. Wir lassen unsere Wut dann an unserem Gegenüber aus, obwohl er nicht der eigentliche Auslöser ist. Unsere Emotionen gehen einfach mit uns durch und leiten uns.

BEZIEHUNGSEBENE VERSUS SACHEBENE

Wir können auf zwei Ebenen mit anderen Menschen kommunizieren. Auf der Beziehungsebene sprechen wir über Gefühle und soziale Verbundenheit. Auf der Sachebene sprechen wir über Inhalte, Zahlen, Daten und Fakten.

Stellen Sie sich einen Eisberg vor. Anhand des Eisbergmodells kann man sehr gut erkennen, dass die Gefühle unter der Wasseroberfläche (Beziehungsebene) ausschlaggebend für Konflikte sind. Die Konflikte auf der Sachebene, sichtbarer Teil des Eisbergs, wären schnell zu lösen. Was wir jedoch nicht sehen, ist die Gefühlsebene, und diese ist ausschlaggebend für die Lösung vieler Streitigkeiten. Unter der Wasseroberfläche sind Gefühle wie Misstrauen, Neid, Wut, Angst, Eifersucht, Enttäuschung und Trauer die Ursache für den nicht zu lösenden Konflikt. Das ist ähnlich wie beim Untergang der Titanic. Sie ist nicht am sichtbaren Teil des Eisberges gekentert. Der unsichtbare Teil des Eisberges war dafür verantwortlich.

In unserem Beispiel hat jedes Familienmitglied ein anderes ungutes Gefühl. Der Vater ist verärgert wegen des Autos, die Mutter gestresst, der Sohn traurig wegen der Hose und die Tochter enttäuscht wegen der CD. Vater und Mutter sind wegen der schlechten Stimmung frustriert und ratlos. Insgeheim fragen sie sich, was falsch läuft und welche Lösungen es geben könnte. Doch wenn der Rausch des Ärgers dominiert, kann man nur noch Umrisse erkennen, die klare Sicht fehlt. Die Situation ist dann verfahren und eskaliert.

So viele unterschiedliche negative Gefühle unter einen Hut zu bringen, ist schwierig. Wenn diese nicht im Vorfeld ausgesprochen werden, kann die Situation nur eskalieren.

In meinem Beispiel war der Auslöser für den Streit die Olive, die der Jüngste nicht probieren wollte. Wären alle Familienmitglieder entspannt, wäre die Olive gar kein Thema gewesen. Da dies nicht der Fall war, löste die Weigerung, die Olive zu probieren, auf der Sachebene den Streit aus. Aber eigentlich ging es gar nicht um die Olive. Sie war lediglich ein Ventil, um den Frust, der sich im unteren Teil des Eisberges aufgestaut hat, zu entladen.

Der Redeball

„Wer stark ist, kann sich erlauben leise zu sprechen."

Theodore Roosevelt

Damit es in Ihrer Familie nicht zu oft zu solchen verfahrenen Situationen kommt, sollten Sie sich alle die Zeit nehmen, über den Tag zu reden und zu erzählen, wie es Ihnen ergangen ist. Ermutigen Sie Ihre Kinder, offen zu sagen, was gerade los ist. Am besten lernt es das, in dem Sie es ihm vorleben.

ACHTSAMKEITS-ÜBUNG: REDEBALL

Probieren Sie einmal die spielerische Übung mit dem Redeball aus, am besten an einem Tag, an dem „gute Stimmung" herrscht. Wenn dann ein andermal alle genervt nach Hause kommen, können Sie vorschlagen, dass sich die Familie zum Redeball-Spiel zusammenfindet. Das geht so:

1. Nach einem anstrengenden Tag setzen Sie sich abends gemeinsam mit allen Familienmitgliedern auf den Boden und nehmen einen Ball zur Hand. Dies ist der Redeball. Wer ihn hat, darf sprechen. Es macht Spaß den Ball zu werfen und er bringt sofort eine Struktur ins Spiel. Wenn Sie die Übung zum ersten Mal machen, fangen Sie an zu erzählen. Dann kann ihr Kind sich orientieren.

2. Jemand anderes fragt Sie:
   - *Wie geht es dir gerade?*
   - Nun sprechen Sie Ihre Gefühle an:
     Ich bin verärgert, ich bin traurig, ich bin müde ...

   Nachdem Sie sich geäußert haben, werfen Sie den Ball einem anderen Familienmitglied zu und dann sagt dieses wie es ihm geht. So geht es weiter bis alle an der Reihe waren.

3. Wenn alle ihre Gefühle ausgesprochen haben, stellen Sie die nächste Frage:
   - *Was macht dich wütend, traurig, müde ...*

   Hier beschreiben Sie den Auslöser der Situation. *Ich ärgere mich, dass ich mein Auto kaputt gefahren habe. Das kostet viel Geld.* Gerade für Kinder ist es wichtig auszusprechen, was gerade los ist und woher es kommt. Danach werfen Sie den Ball weiter.

4. Wenn jeder damit an der Reihe war, stellen Sie noch eine Frage:
   - *Was können wir dir Gutes tun?*

   Jetzt kann jeder seine Bedürfnisse beschreiben. „Ich will mit dir kuscheln, ich will einfach meine Ruhe ..."

Mit dieser spielerischen Übung lernt Ihr Kind seine Gefühle und Reaktionen zu spüren, zu überprüfen, darüber nachzudenken und – wichtig! – darüber zu sprechen. Es lernt auch, dass es gut ist, zu sagen, wie es einem geht und auszusprechen, woran es liegt. Dies verhindert meist, dass aus alltäglichen stressigen Situationen ein richtiger Streit entsteht. Wenn Ihr Kind von sich und seinen Gefühlen erzählt hat, geht es ihm schon viel besser und Ihnen auch. Der Redeball kann auch ein kleines Abendritual für die Familie werden. Das gibt Raum, über vieles zu sprechen, und alle erfahren, was die anderen zurzeit bewegt.

Vielleicht möchten Sie den Redeball ersetzen durch eine Puppe oder ein Kuscheltier. Finden Sie etwas, das zu Ihrer Familie passt.

Wahrheit und Lüge

„Alles was du sagst, sollte wahr sein.
Aber nicht alles was wahr ist, sollst du sagen.“

Voltaire

Dieses Zitat zeigt uns, wie schwer es manchmal mit der achtsamen Kommunikation ist und wo die Fallen sind. Die meisten von uns erziehen ihre Kinder zur Ehrlichkeit. Die Kinder sollen nicht lügen und rundheraus sagen, was sie denken. Dies kann auch manchmal zu Schwierigkeiten führen, die man nicht vorhergesehen hat, denn Erwachsene sagen keineswegs immer die Wahrheit. Doch wie erziehen wir unsere Kinder zur Aufrichtigkeit, ohne uns manchmal durch Notlügen zu entlarven? Denn „keine Zeit zum Kaffee trinken bei der Freundin“ heißt manchmal auch einfach keine Lust zu haben. Daher gilt auch hier: Am besten bei der Wahrheit bleiben!

Der sechsjährige Jakob ist mit seinen Eltern auf dem Sommerfest des Sportvereins. Sein Vater unterhält sich mit einem älteren Herrn. Auffallend an dem Mann sind seine ungepflegten gelben Zähne. Sie stehen weit auseinander und in der oberen Reihe klafft eine große Lücke.

Jakob steht neben seinem Vater und beobachtet den Herrn fasziniert. Plötzlich fragt er ihn: „Gehst du nicht gerne zum Zahnarzt?" Der Mann ist irritiert und antwortet: „Doch ich gehe zum Zahnarzt." Daraufhin sagt Jakob: „Dann isst du bestimmt viele Süßigkeiten." Jakobs Vater möchte vor Scham im Boden versinken, doch zum Glück nimmt es der Mann mit Humor.

Als sie wieder zu Hause sind, fragt Jakobs Vater: „Jakob, warum hast du das eben zu dem Mann gesagt? Das macht den Mann doch traurig." Jakob antwortet: „Papa, der Mann hat ganz schlechte Zähne. Er muss zum Zahnarzt gehen. Das sagst du doch immer."

Einfühlungsvermögen muss erst wachsen

Kinder werden nicht gleich mit Einfühlungsvermögen geboren. Sie müssen es erst lernen. Bevor sie es jedoch lernen können, muss ein Kind erkennen, dass es sich selbst gibt und andere Menschen um es herum auch. Diese Fähigkeit lernt es mit etwa 18 Monaten. Eltern merken es daran, dass Ihr Kind sich auf Fotos oder im Spiegel selbst erkennt. Wenn es unterscheiden kann, dass es „Ich" und „Andere" gibt, ist dies der erste kleine Schritt zur Empathie.

Auch die Trotzphase zwischen dem zweiten und vierten Lebensjahr fördert die Entwicklung der Empathie. Durch Trotzreaktionen und Wutausbrüche zeigt Ihr Kind seine Unabhängigkeit und Autonomie. Hilfreich ist es, wenn sich Ihr Kind in dieser Zeit mit Gleichaltrigen auseinandersetzen kann. In diesen Situationen kann es lernen sich durchzusetzen und Einfühlungsvermögen zu entwickeln. Wenn Ihr Kind diese Fähigkeit erreicht hat, werden Sie merken, dass es versucht, andere zu trösten wenn sie weinen. Oder es bemerkt, dass es anderen Menschen nicht gut geht. Dies geschieht meistens um das vierte Lebensjahr herum.

EMPATHIE = EINFÜHLUNGSVERMÖGEN

Empathie ist die Fähigkeit, sich in die Empfindungen, Gedanken, Emotionen und das Weltbild anderer Lebewesen hinein zu versetzen.

Vorher haben Kinder noch nicht die Möglichkeit, sich vorzustellen, wie es anderen Menschen oder auch Tieren geht, wenn ihnen dies oder jenes widerfährt. Sie als Eltern können jedoch Ihr Kind unterstützen, empathisch zu sein. Am einfachsten lernt Ihr Kind dies durch Vorleben. Wenn Ihr Kind zum Beispiel hinfällt und Sie es in den Arm nehmen und trösten, oder wenn Ihr Kind hört, dass Sie wertschätzend über andere Menschen reden, wird es dies auch irgendwann tun. Ihr Kind sollte positive Vorbilder für ein empathisches Verhalten haben. Gerade bei kleinen Kindern ist dies enorm wichtig. Sie eignen sich ganz unbewusst ihr Verhalten an.

Eine schöne Möglichkeit ist auch, Ihrem Kind Bücher vorzulesen, in denen es um Gefühle, ums Mitfühlen und unterschiedliche Ansichten oder Konflikte geht. Ein wunderschönes Buch zu diesem Thema ist „Blöde Ziege, dumme Gans“. Es beleuchtet immer eine Situation aus Sicht der Ziege und aus Sicht der Gans. Ganz automatisch lernt Ihr Kind, dass es nicht nur Gut und Böse gibt. Es entwickelt Verständnis für beide Seiten. Im Anhang dieses Buchs finden Sie noch mehr geeignete Kinderbücher.

TIPP: BILDERBÜCHER SIND SO WICHTIG

Eine wunderbare Methode um das Einfühlungsvermögen zu schulen, ist es, Ihrem Kind ein Buch vorzulesen. Je nach Alter Ihres Kindes lesen Sie einen Absatz oder ein Kapitel und lassen Ihr Kind dann erzählen, wie es die Geschichte verstanden hat.

Um das empathische Zuhören zu üben, können Sie ihr Kind fragen:

- *Was glaubst du, wie es dem Bären in der Geschichte ging?*
- *Welche Gefühle hat der Hahn in der Geschichte?*
- *Wie hast du das bemerkt?*
- *Warum, denkst du, ist der Igel traurig?*

Wenn Ihr Kind schon etwas älter ist (aber nicht vor dem vierten Lebensjahr), können Sie ihm auch Fragen stellen, durch die es versucht sich in andere hinein zu versetzen. „Was glaubst, du wie es deiner Freundin geht?", „Glaubst du, das Geschenk gefällt Oma Beate?" Die Fragen helfen ihm, sich in die Lage des Gegenübers zu versetzen und ein Gefühl für den Anderen zu entwickeln. Mit jedem Erleben wird die Fähigkeit zur Empathie wachsen. Es entwickelt dadurch spielerisch Einfühlungsvermögen, was im täglichen achtsamen Umgang miteinander sehr wichtig ist.

WIE ENTWICKELN KINDER EMPATHIE?

- Vorleben durch Eltern oder das Umfeld
- Empathie spüren und erleben
- Geschichten vorlesen
- Mithilfe von Fragen einen anderen Blickwinkel einnehmen:
  - *Was denkst du, warum deine Freundin traurig ist?*
  - *Was glaubst du, wie es ihm gerade geht?*
  - *Wie würdest du dich dabei fühlen?*

Warum Kinder so ehrlich sind

Kleine Kinder sagen alles klar und offen. Sie sagen alles, was sie beobachten und was ihnen auffällt. Ohne ein Blatt vor den Mund zu nehmen, kommentieren sie Situationen und lassen alle daran teilhaben. Ihnen ist noch nicht bewusst, dass sie andere Menschen damit verletzen könnten.

Die Nachbarin brachte dem Vater zum Geburtstag ein selbstgemaltes Bild als besonderes Geschenk mit. Feierlich überreichte sie das Werk und wartete gespannt auf die Reaktion des Beschenkten. Das Haus ist eher modern eingerichtet und das sehr naiv gehaltene Blumenbild passte so gar nicht zur sonstigen Einrichtung.

Bevor der Vater etwas sagen konnte, meinte sein vierjähriger Sohn: „Papa, das Bild ist hässlich!" Sofort herrschte Stille und der Vater sagte mit hochrotem Kopf: „Ich finde es schön, vielen Dank!"

Natürlich ist dieses Beispiel kein Paradebeispiel für achtsame Kommunikation. Es ist nicht besonders wertschätzend, so frei heraus seine Meinung kundzutun. Diese offene Ansprache hat die Nachbarin bestimmt gekränkt. Doch der Kommentar des Sohnes war ehrlich und klar.

Diese Rückmeldung ist für manche vielleicht schwer zu verkraften, doch sie ist allemal ehrlicher als die Antwort des Vaters. Stellen Sie sich einmal vor, wie die Geschichte weitergehen würde. Nachdem der Vater kundgetan hat, dass ihm das Bild gefällt, muss er es auch aufhängen. Er muss damit leben, ein Bild in seinem Haus zu haben, das ganz und gar nicht seinen Vorstellungen entspricht. Da wäre es doch sinnvoller, gleich wertschätzend zurück zu melden, dass er sich sehr über das Geschenk freue, das Bild aber nicht seinen Geschmack treffe.

Achtsamkeit bedeutet auch, auf seine eigenen Wünsche und Bedürfnisse zu achten. Dafür zu sorgen, dass es einem selbst gut geht und klar zu sagen, was einem gefällt und was man nicht möchte. Auch hier haben uns Kinder einiges voraus. Sie äußern ihre Wünsche und kommunizieren offen und klar. Das heißt nicht, das Gegenüber nicht zu schätzen. Nein vielmehr ist Achtsamkeit die Kunst, mich selbst und andere Menschen respektvoll und auf Augenhöhe zu behandeln.

Leon liebt die Zeichnungen in seinem Kinderliederbuch. Jeden Abend singt sein Vater ihm ein paar Lieder daraus vor. Besonders das Lied von Hänsel und Gretel will Leon immer wieder hören. Abend für Abend singen sie es gemeinsam. Am besten gefällt Leon die Stelle, in der die Hexe ins Spiel kommt „Ho, ho, da schaut eine alte Hexe raus. Sie lockt die Kinder ins Pfefferkuchenhaus." Für Hexe benutzt Leon nun immer das Wort Hoho.

Eines Tages, als Leon mit seiner Mutter im Supermarkt einkauft, steht vor ihnen an der Fleischtheke eine Frau, die ein Kopftuch trägt. Leon starrt sie erst lange an, dann zeigt er mit dem Finger auf sie und ruft laut: „Mama, schau mal eine echte Hoho." Die Mutter schämt sich und lächelt entschuldigend. Die Frau lacht freundlich, denn sie weiß ja nicht, was Leon meint.

Nur Kinder sind so unverblümt offen. Wir verlernen im Laufe unseres Lebens diese offene Kommunikation. Wir wissen, was wir sagen dürfen, welches Verhalten von uns erwartet wird. Unser Einfühlungsvermögen zeigt uns, wenn wir andere brüskieren oder verletzen. Kinder sind in dieser Richtung noch nicht geprägt. Sie treffen solche Aussagen nicht, um anderen Menschen weh zu tun. Ihnen ist es einfach nicht bewusst, welche Reaktionen sie beim Gegenüber auslösen. Sie bleiben bei der Wahrheit, auch wenn sie „nicht nett" ist.

Meistens nehmen die Erwachsenen solche Situationen mit Humor. Sie sind eher verblüfft über so viel Ehrlichkeit, als verärgert.

Mienen verstehen

Sie können Ihr Kind aber liebevoll unterstützen, zu lernen, sich in andere hinein zu versetzen. Hierfür stelle ich Ihnen ein schönes Spiel vor. Es macht Spaß und ist reizvoll für die ganze Familie.

TIPP: SPIELIDEE EMOTIONSGESICHTER

1. Zur Vorbereitung schneiden Sie gemeinsam mit Ihrem Kind Fotos von Gesichtern aus Zeitungen aus. Diese Bilder sollten unterschiedliche Emotionen (Freude, Wut, Liebe, Trauer, Entspannung, Angst, Erstaunen etc.) zeigen.
2. Suchen Sie außerdem Emoticons aus. Drucken Sie sich die passenden Emoticons (Smiley, Smiley mit Tränen, Smiley, der böse schaut usw.) zu Ihren Gesichtern aus. Sie können die Emoticons auch selbst malen. Ihr Kind kann Sie dann ausmalen.
3. Jetzt beginnt das Spiel. Zuerst legen Sie die Emoticons auf den Tisch und sprechen mit ihrem Kind darüber, welche Emotionen es erkennt. Wie sieht dieser Smiley aus? Wenn Ihr Kind allen Emoticons die richtigen Gefühle zuordnen kann, wird es ein wenig schwerer.
4. Sie legen jetzt die Gesichter auf den Tisch und ordnen gemeinsam abwechselnd einem Gesicht ein Emoticon zu. Vielleicht müssen Sie Ihr Kind am Anfang etwas unterstützen.
   - *Wie sieht die Frau/der Mann/das Kind aus?*
   - *Wie geht es ihr? Was glaubst du?*
   - *Wie fühlt sie sich? Was denkst du?*
   - *Welcher Smiley könnte dazu passen?*
5. Wenn Sie das Spiel öfters spielen, wird Ihr Kind die Gesichtsausdrücke sehr schnell deuten können.
6. Nach einer Weile können Sie die Gesichter durch andere austauschen, oder Sie basteln ein Memory daraus.
7. Beim Memory liegen die Gesichter und die Emoticons verdeckt auf dem Tisch. Jeder Mitspieler deckt erst ein Gesicht und dann ein Emoticon auf und versucht diese zuzuordnen.

Wie hast du das gemeint?

„Gesagt ist nicht gehört.
Gehört ist nicht verstanden.
Verstanden ist nicht einverstanden."

Konrad Lorenz

Kommunikation ist alles, ohne Kommunikation ist alles nichts. Unsere Sprache ist elementar für ein gutes Miteinander. Wir alle wissen, wie schnell Missverständnisse entstehen. Oftmals wird das als Eitelkeit abgetan, meistens liegt die Wahrheit dazwischen. Denn es kann auch die Wortwahl sein, die das Gegenüber reizt oder zu einer heftigen Gegenreaktion veranlasst.

Anna hat zwei Kinder, Mia 6 und Ben 2 Jahre alt. Wenn sie die Kinder mittags aus der Kita abholt, verbringen Sie die Nachmittage immer gemeinsam. Meistens treffen sie sich mit Freunden auf dem Spielplatz, gehen in den Zoo, ins Schwimmbad oder sind anderweitig aktiv. Seit geraumer Zeit beobachtet Anna, dass Mia sich sehr in den Mittelpunkt drängt. Auf dem Spielplatz will sie immer als Erste rutschen, als Erste auf dem Kletterturm sein, und wenn dies ihr nicht gelingt, schubst sie die anderen Kinder weg oder redet schlecht über sie. „Die Lisa kann das nicht, ich bin viel besser." Anna denkt viel darüber nach und will dies mit Mia in Ruhe besprechen.

Zu Hause beobachtet sie dann, wie Mia ihren kleinen Bruder Ben mit der Sandschaufel auf den Po schlägt und ihn ins Bein zwickt. Sie geht sofort dazwischen und sagt: „Stopp! Mia, warum schlägst du Ben?" Mia rastet völlig aus: „Mama, du hast Ben viel lieber als mich. Immer hilfst du ihm. Das ist ungerecht. Mich magst du gar nicht mehr."

Was ist da los? Warum ist das Gespräch so verlaufen? Vermutlich hat Mia schon eine Menge negative Gefühle in ihrem Eisberg angesammelt. Sie fühlt sich vielleicht nicht genug beachtet und versucht Aufmerksamkeit zu erregen. Sie will zeigen, dass sie gut ist, viel kann und drängt sich in den Vordergrund. Mit ihrer Frustration kann sie nicht anders umgehen, als durch negatives Verhalten mehr Beachtung zu erlangen. So kommt es, dass die Kommunikation zwischen ihrer Mutter (Sender) und Mia (Empfänger) nicht gut läuft, sie ist sozusagen gestört. Anna will durch ihre Aussage: „Stopp! Mia warum schlägst du Ben?" den Streit beenden und herausfinden, was Mia zum Schlagen bewegt. Bei Mia kommt das allerdings ganz anderes an. Sie interpretiert sofort, dass ihre Mutter Ben lieber mag als sie, da sie für ihn Partei ergreift.

Diese unterschiedlichen Interpretationen zwischen Sender und Empfänger sind meist die Grundlage aller Missverständnisse in der Kommunikation. In der Regel sendet der Sender eine Nachricht und beim Empfänger kommt diese ganz anders an.

WIR HABEN VIER OHREN

Friedemann Schulz von Thun hat dies in seinem Vier-Ohren-Modell sehr gut beschrieben.

Der Sender hat vier Kanäle, auf denen er senden kann.
- den Sachkanal (Worüber informiere ich?)
- den Beziehungskanal (Wie stehen wir zueinander?)
- den Appellkanal (Wozu möchte ich dich veranlassen?)
- den Selbstoffenbarungskanal (Was gebe ich von mir selbst kund?)

Der Empfänger hat vier Ohren mit denen er hören kann.
- das Sachohr (Welche Informationen/Fakten erhalte ich?)
- das Beziehungsohr (Was denkt sie über mich?)
- das Appellohr (Was soll ich tun?)
- das Selbstoffenbarungsohr (Inwiefern bin ich daran beteiligt?)

In oben genanntem Beispiel hat Anna auf dem Appell- und Sachkanal gesendet (Stopp! = Appellkanal; Mia, warum schlägst du Ben = Sachkanal). Mia hat die Nachricht jedoch auf dem Beziehungsohr empfangen. (Sie mag mich nicht = Beziehungsohr). Dies führt sofort zu Unstimmigkeiten. Der Sender denkt: „Das habe ich doch gar nicht gesagt. Warum reagiert sie jetzt so?“ und der Empfänger kann einfach nicht anders reagieren, wenn er auf dem Beziehungsohr empfängt. Bis das Missverständnis erkannt ist, kommt es meist schon zum Streit. Jeder fragt sich: „Warum versteht sie mich denn nicht?“

Das ist völlig normal. Stellen Sie sich vor, Sie sind in China, sprechen kein Wort chinesisch und wollen sich mit einem Einheimischen unterhalten, der kein Deutsch spricht. Das ist einfach unmöglich. So ist es auch, wenn beide zwar die gleiche Sprache sprechen, aber auf unterschiedlichen Kanälen senden und empfangen.

Hört der andere, was ich sage?

Respektvolle Kommunikation ist nur möglich, wenn Sender und Empfänger auf dem gleichen Kanal senden und empfangen. Dies sollten Sie als Eltern beachten. Sie können nur ihr eigenes Verhalten als Sender oder auch Empfänger kontrollieren, nicht das der anderen. Sie können sich als Sender respektvoll und klar ausdrücken. Was der Empfänger versteht, können Sie nicht beeinflussen. Umgekehrt können Sie als Empfänger nachfragen. Es hilft auf beiden Seiten enorm, sich in den anderen hineinzuversetzen, zu überlegen wie meine Aussagen bei ihm ankommen könnten und wie es ihm dabei geht. Es gibt aber auf jeden Fall Techniken, die Ihnen dabei helfen, Missverständnisse zu vermeiden und Ihrem Kind das Senden oder Empfangen zu erleichtern.

So gelingt achtsame Kommunikation

Was können Sie als Sender tun?

- sich klar ausdrücken, keine Schachtelsätze benutzen
- Einwände vorweg nehmen: „Ich will dich damit nicht in eine Ecke drängen oder ärgern."
- wenig Fachwörter und Fremdwörter benutzen
- nachfragen: „Wie kommt das bei dir an?"
- Gefühle ansprechen: „Ich merke, du bist wütend auf mich."

Was können Sie als Empfänger tun?

- ausreden lassen
- aufmerksam zuhören, nicht sofort Gegenargumente überlegen
- nachfragen: „Habe ich das richtig verstanden?"
- zusammenfassen: „Bei mir kam das so an ..."

Obwohl Sie ja schon immer reden und zuhören, kostet es etwas Mühe, seine Aufmerksamkeit darauf zu lenken, welche Signale man womit sendet. Es erfordert etwas Übung, lohnt sich aber unbedingt.

Jetzt stellen Sie sich bitte einmal vor, wie schwierig dies für Ihr Kind sein muss. Es lernt erst, wie man seine Gefühle äußert, hat also noch wenig Kommunikationserfahrung, ist vielleicht noch eifersüchtig auf den kleinen Bruder und fühlt sich benachteiligt. Dann ist es doch selbstverständlich, dass die Reaktion so ausfällt wie bei Mia.

Sehr spielerisch können Sie Ihrem Kind mit der nachfolgenden Übung ein Gefühl für Fehler und Fallen in der Kommunikation vermitteln.

TIPP: SPIELEN SIE ZUSAMMEN STILLE POST

Um sich die Problematik zwischen Sender und Empfänger zu verdeutlichen und sie Ihrem Kind nahe zu bringen, gibt es ein schönes Spiel. Das kennen Sie bestimmt von Kindergeburtstagen.

1. Alle sitzen in einem Kreis.
2. Der Sender überlegt sich einen Satz und flüstert ihn seiner Nebenfrau/seinem Nebenmann ins Ohr.
3. Dieser flüstert den Satz wieder weiter. So wird die Nachricht von Mitspieler zu Mitspieler transportiert.
4. Der letzte in der Runde spricht den Satz laut aus. Sie werden sich wundern, was dabei herauskommt.
5. Hiermit können Sie Ihrem Kind gut zeigen, wie das mit der Kommunikation funktioniert und was dabei verloren gehen kann.

Die Sache mit dem „gut zuhören"

Heute steht in der Schule das Sportfest an. Katjas Sohn Frederick ist in der ersten Klasse und sehr aufgeregt, da vieles neu und unbekannt ist. Er möchte gerne eine Medaille bekommen und weiß, dass er sich dafür anstrengen muss.

Morgens werden sie wach, die Sonne scheint schon und es wird ein heißer Tag. Katja packt ihrem Sohn Erdbeeren, einen leichten Snack und mehrere Wasserflaschen in seinen Rucksack. Sie sagt ihm, dass er viel trinken soll und erklärt ihm, dass er alles im Rucksack hat. Frederick hingegen ist in Gedanken schon unterwegs, erzählt nur von den Stationen beim Sportplatz und scheint ihr nicht richtig zuzuhören. Vor der Schule erinnert sie ihn noch einmal an die Getränke und sagt ihm, dass er seine Mütze aufsetzen soll.

Als sie ihn nachmittags abholt, hat er ein hochrotes Gesicht, ist ganz verschwitzt und völlig erledigt. Seine Verpflegung liegt noch unberührt im Rucksack und er hat auch nur einen kleinen Schluck getrunken.

Katja ärgert sich und macht ihm Vorwürfe. Sie hätte ihm das doch morgens extra noch alles erklärt und ihm gesagt, wie wichtig es ist, viel zu trinken. Dabei vergisst sie ganz, zu fragen, wie ihm das Sportfest gefallen hat.

Was ist passiert? Katja hat zwar als Sender die Nachricht klar formuliert und auch noch einmal wiederholt. Trotzdem kam sie nicht an. Frederick war vor lauter Aufregung nicht in der Lage, zuzuhören – der Empfänger war nicht aufnahmefähig. Er war in Gedanken so mit den Herausforderungen des Sportfestes beschäftigt, dass er ihre Botschaft nicht hörte, und sie war ihm auch nicht wichtig. Dies war keine böse Absicht, er war einfach mit für ihn wichtigeren Dingen beschäftigt. Diese hatten für ihn Priorität eins.

Es gibt unterschiedliche Arten des Zuhörens. Je nach Aufnahmefähigkeit und Intensität fällt das Ergebnis aus.

DIE VIER STUFEN DES ZUHÖRENS

Pseudo Zuhören
Dabei hören Sie nicht wirklich zu. Sie sind mit ihren Gedanken ganz woanders.

Zuhören
Sie sind bei ihrem Gesprächspartner, halten Blickkontakt, zeigen durch Kopfnicken oder kurze sprachliche Bestätigung (hm, ja), dass Sie ihm folgen.

Aktiv Zuhören
Sie verfolgen das Gesagte aufmerksam, verstehen was der Sender sagt, wiederholen es mit eigenen Worten und fragen nach.

Empathisches Zuhören
Sie verstehen die Gefühle des Senders. Sie achten nicht nur darauf was er sagt, sondern wie er es sagt.

So hört Ihr Kind, was Sie sagen!

Im vorangegangenen Beispiel hat der Sohn nur pseudo zugehört. Das Gesagte kommt nicht an, weil er mit seinen Gedanken ganz woanders war, und daher kann das Ergebnis nicht gut werden.

Wenn Sie bemerken, dass Ihr Kind nicht wirklich zuhört, ist es wichtig, es dort abzuholen, wo es sich gerade befindet. Sie werden keinen Erfolg haben, wenn Sie einfach Ihr Programm abspulen. Ihr Kind wird die Information nicht aufnehmen können. Sie sollten sich auf seine Ebene begeben und es dort abholen. Nur dann können Sie eine Grundlage schaffen, damit Ihre Botschaft auch ankommt. Sie finden hier eine einfache, aber gute Lösung, mit der Sie eine gute Ausgangslage für erfolgreiche Kommunikation herstellen können.

! **TIPP: KLUGE ELTERN HÖREN ERST ZU, BEVOR SIE REDEN**

Wenn Sie bemerken, dass Ihr Kind Ihnen nicht zuhört, hören Sie am besten einfach erstmal auf, zu sprechen.

1. Hören Sie auf zu senden und gehen Sie auf ihr Kind ein.
   Ich merke, dass du ganz aufgeregt bist und an etwas ganz anderes denkst. Du kannst gar nicht hören, was ich dir sage.
2. Stellen Sie ihm folgende Fragen:
   - *Wie geht es dir gerade?*
   - *Was beschäftigt dich?*
   - *Woran denkst du?*
3. Wenn Ihr Kind Ihnen erzählt, was es bewegt, zeigen Sie Verständnis.
   Das kann ich gut verstehen. Ich bin auch immer aufgeregt vor neuen Sachen.

   Erst wenn ihr Kind ausgesprochen hat, was es beschäftigt, ist es offen für Neues. Der Empfänger ist wieder auf Empfang gestellt.

4. Dann können Sie Ihre Botschaft loswerden. Erklären Sie Ihrem Kind aber bitte auch, warum Ihnen eine Sache wichtig ist. Ihr Kind sollte den Sinn verstehen, dann hört es auch aktiv zu.

Eins nach dem anderen – alle ausreden lassen!

Viele Eltern berichten mir, wie anstrengend es ist, wenn sie der Empfänger sind und mehrere Kinder gleichzeitig senden. Selbst wenn Sie sehr geübt darin sind, aktiv und empathisch zu zuhören, wird Ihnen dies nicht gelingen, wenn Sie von mehreren Sendern beschallt werden. Kinder wollen ihre Botschaft schnell loswerden und achten dabei eher nicht auf Regeln wie ausreden lassen oder nacheinander sprechen. Ihnen geht etwas durch den Kopf und das wollen sie erzählen – und zwar sofort!

Svenja steht morgens im Badezimmer und bürstet sich die Haare. Ihre Tochter, 6 Jahre, ruft aus dem Kinderzimmer: „Mama, wo sind die rosa Turnschuhe. Ich kann sie nicht finden." Während Svenja ihrer Tochter antwortet, weint und schreit ihr dreijähriger Sohn im Obergeschoss jämmerlich, weil sein Kuscheltier verschwunden ist und er ohne diese Begleitung nicht in die Kita geht: „Mama, Taps ist weg. Ein Dieb hat sie gestohlen. Wir müssen sie suchen. Komm her!"

Unterdessen ist ihr Mann im Keller, will die Waschmaschine befüllen und ruft: „Liegt oben noch dunkle Wäsche?"

Svenja könnte verzweifeln. Ihr Stresslevel steigt. Sie hat auch keine Lust mehr irgendjemandem zu antworten, geschweige denn zuzuhören. Sie möchte sich einfach in Ruhe fertig machen.

Da ihre Kinder keine Antwort bekommen, rufen sie lauter und der Ton wird höher. Es ist nicht zum Aushalten und das schon am frühen Morgen. Svenja reicht es und sie reagiert laut und genervt.

Um solche Situationen zu vermeiden, sollten Sie in Ihrer Familie klare Regeln vereinbaren, denn jeder sollte zu Wort und zu seinem Recht kommen. Hier haben Erwachsene und Kinder die gleichen Rechte. Kinder sprudeln von innen heraus, sie wollen einfach über ihre Ideen und Eindrücke sprechen. Was natürlich manchmal Ihre Nerven strapazieren kann, denn was raus muss, muss raus. Sehen Sie es positiv: Genießen Sie es, denn Ihr Kind vertraut Ihnen und seine Erzählungen sind ein eindrucksvoller Beweis dafür. Ihnen geht es doch auch so: Wenn Sie etwas Besonderes erlebt haben oder sich geärgert haben, wollen Sie es auch loswerden. Bei Kindern entstehen solche Situationen häufiger. Bleiben Sie gelassen und hören Sie aufmerksam zu.

ÜBUNG: REDE-REGELN

Nehmen Sie sich gemeinsam eine halbe Stunde Zeit und sprechen Sie darüber, wie sie in Ihrer Familie miteinander reden wollen. Jedes Familienmitglied hat Mitspracherecht.

1. Zuerst sagt jeder, was ihm nicht gefällt.
   Was stört dich, wenn wir miteinander sprechen?
2. Dann sagen alle, was sie sich dazu wünschen.
   Was wünschst du dir?
3. Danach formulieren sie gemeinsam Ihre Familien-Rede-Regeln. Diese sollten aktiv und positiv formuliert sein.
   „Wir lassen einander ausreden. Wir hören einander zu."

   Bitte nicht formulieren: „Wir könnten versuchen einander ausreden zulassen." Diese Regel wird aufgrund der passiven, vagen Formulierung nichts bringen.
4. Zum Abschluss können Sie alle gemeinsam ein Plakat gestalten, das sie dann aufhängen, damit es jeder sieht.

Auch sollten Sie bestimmte Regeln konkretisieren. Um beim vorherigen Beispiel zu bleiben: Gerade morgens, in der größten Hektik, haben Kinder eine Menge Ideen und Einfälle. Sie hingegen haben die Uhr im Blick und sind genervt vom Aktionismus Ihrer Kinder. Ihre Kinder wollen noch ein Bild malen und den verlorenen Gummiball suchen, obwohl das Frühstück auf dem Tisch steht. Das stresst sie und ihre Reaktion stresst die Kinder. Versuchen Sie die Situation zu entkrampfen. Ihre Regel könnte lauten: Morgens nehmen wir uns erst eine Sache vor. Wenn nach dem Frühstück noch Zeit bleiben sollte, könnt ihr noch eine Weile spielen oder basteln.

Mir passt was nicht – Achtsam Kritik äußern!

Seinem Ärger Luft zu machen, dem anderen zu sagen, was einen stört – mit dem Aussprechen von Kritik tun wir uns häufig schwer. Wir sprechen unangenehme Dinge nicht gerne an, sagen nicht ehrlich, was uns stört oder haben geradezu Bauchschmerzen, schwierige Gesprächen mit unserem Partner, unseren Kindern oder unseren Eltern zu führen. Woran liegt das? In meinen Seminaren frage ich die Teilnehmer oft: Was hindert Sie daran, Kritik zu äußern? Dabei erhalte ich folgende Antworten:

- Ich habe Angst davor, dann weniger geliebt zu werden.
- Ich fürchte, dass sich der Andere dann in sich zurückzieht und nur noch schweigt.
- Ich könnte den Anderen verletzen.
- Womöglich werde ich dann angegriffen oder sogar angeschrien. Es gibt einen schlimmen Streit.
- Ich möchte mich nicht lächerlich machen.
- Ich nehme an, dass ich ausgegrenzt werde.
- Ich traue mich einfach nicht.
- Ich weiß nicht, wie ich das richtig machen kann.

Diese und viele ähnliche Antworten äußern meine Seminarteilnehmer, und all die Bedenken, die sie haben, sind realistisch und nachvollziehbar. Wenn Sie sich selbst diese Frage stellen, werden Sie auf ähnliche Antworten kommen.

Wir alle kennen das: Die Angst vor der Reaktion des Gegenübers blockiert uns. Sie hemmt uns, Kritik zu äußern oder schwierige Situationen anzusprechen.

Das geht schon Kindern so. Ich habe Kinder in unterschiedlichen Situationen gefragt, warum sie nicht sagen, was sie stört. Dabei bekam ich folgende Antworten:

- Dann ist meine Freundin traurig.
- Die anderen Jungs lassen mich dann nicht mehr mitspielen.
- Opa ist danach böse auf mich.
- Julia weint immer wenn ich sage, dass ich sie nicht auf meinen Geburtstag einlade.
- Ich traue mich nicht.

Sie sehen, die Antworten fallen nicht anders aus als bei uns Erwachsenen. Sobald unsere Kinder Einfühlungsvermögen entwickelt haben, erkennen sie sehr schnell, welche Reaktion ihr Verhalten bei anderen auslösen könnte.

Genau wie wir Erwachsenen, glauben Sie zu wissen, wie unser Gegenüber reagiert. Dies ist jedoch nicht die Realität, sondern nur unsere Vorstellung. In unseren Köpfen malen wir uns die heftigsten Reaktionen aus, befürchten den Worst Case und haben Angst davor, unsere Meinung zu sagen. Unser Kopfkino bereitet uns schlaflose Nächte und lässt uns verstummen.

Meist kommt es jedoch nicht so schlimm wie wir es befürchten. Es ist auf jeden Fall gesünder und besser, Kritik wertschätzend zu äußern und anzusprechen, was einen stört. Denn nichts ist schlimmer als unterdrückter Ärger aus Angst vor den Reaktionen anderer Menschen. Es ist wichtig, seinem Ärger Luft zu machen und seinen Unmut zu äußern. Wenn man zu oft „etwas in sich hineinfrisst", macht das auf Dauer unzufrieden oder im schlimmsten Fall sogar krank.

Marc besucht die Vorschule und freut sich darauf, bald in die Schule zu kommen. Eine Grundschullehrerin kommt einmal wöchentlich in den Kindergarten und bereitet die Vorschüler auf die Grundschule vor. Auf diesen Vormittag freut Marc sich immer sehr.

Als die Mutter Marc nach einem solchen Tag abholt, sagt er entschieden: „Ich geh da nicht mehr hin!" Seine Mutter fragt ihn nach den Gründen, aber Marc ist wortkarg: „Der Unterricht ist doof."

Sie ahnt, dass etwas anderes dahinter steckt und spricht ihn abends noch einmal darauf an. Da erzählt Marc seiner Mutter, dass sein Freund Lukas ihn vor den anderen Kindern bloßgestellt hat. Bei einem Rechenwettbewerb konnte er nicht so schnell rechnen und Lukas hat vor allen anderen gesagt, dass Marc eine lahme Ente sei und nicht so schlau wie er. Diese Bemerkung hat Marc ihm sehr übel genommen. Lukas hat dies schon mehrfach getan. Wenn beide alleine sind, vertragen sie sich sehr gut. Sobald andere Kinder mit im Spiel sind, wendet Lukas sich von Marc ab. Dies verletzt Marc jedes Mal.

Marcs Mutter schlägt ihm vor, selbst mit Lukas zu besprechen, aber er hat Angst davor.

In diesem Beispiel erkennt Marc sehr klar, dass das Verhalten von Lukas nicht in Ordnung ist. Ihm fehlen aber noch die Möglichkeiten, anders damit umzugehen als sich nur alleine darüber zu ärgern. Deshalb zieht er sich lieber zurück. Diese Reaktion ist völlig normal. Schließlich erfordert es eine Menge Mut, Kritik zu äußern.

Wie gehen wir mit Konflikten um?

Wir reagieren sehr unterschiedlich auf Konflikte. Manche Menschen sind streitbar. Ihnen macht es überhaupt nichts aus, Konflikte auszutragen. Sie fassen den Konflikt als eine Art Sport oder gar Herausforderung auf. Andere Menschen möchten am allerliebsten in ständiger Harmonie leben und keine Konflikte haben. So unterschiedlich die Charaktere der Menschen, so unterschiedlich sind die Reaktionen auf eine Konfliktsituation.

DER SÄBELZAHNTIGER

Wenn unsere Vorfahren, die Steinzeitmenschen, von einem Säbelzahntiger angegriffen wurden, hatten sie nur wenige Möglichkeiten. Sie konnten kämpfen, flüchten oder versuchen, sich tot zu stellen. Je nachdem, welche Variante sie gewählt haben und wie stark der Gegner war, führte diese zum Erfolg oder Misserfolg.

Auch heute, viele tausend Jahre später, reagieren wir Menschen im Konflikt noch sehr ähnlich.

Kampf
Ich stelle mich gegen den Anderen. Ich scheue mich nicht vor dem Konflikt, sondern gehe ihn aktiv an und versuche mein Gegenüber in die Ecke zu drängen. Das Ziel ist, dass ich gewinne und mein Gegenüber verliert. Ich will als der Stärkere aus dem Kampf herausgehen, als Sieger. Es wird mit allen zu Verfügung stehenden Mitteln gekämpft. Diese sind nicht immer fair.

Flucht
Ich will den Konflikt vermeiden und verlasse freiwillig das Feld. Sobald ein Streit auftreten könnte, gebe ich nach und akzeptiere die Meinung des anderen. Ich stelle meine Wünsche und Bedürfnisse zugunsten anderer zurück. Mein Gegenüber gewinnt, ich verliere. Am liebsten würde ich wirklich gerne weglaufen und tue dies auch, indem ich den Raum verlasse, wenn es schwierig wird. Oder ich versuche, die Situation durch einen Scherz zu entschärfen.

Erstarrung
Ich zeige mich möglichst wenig. Gerade in einem Konflikt reagiere ich überhaupt nicht und hoffe, dass sich das Problem von alleine löst. Ich gebe wenig von mir preis und biete somit auch keine Angriffsfläche. Ich hoffe, dass die anderen mich nicht wahrnehmen und in Frieden lassen. Am liebsten wäre ich dann unsichtbar. Wenn andere streiten, halte ich mich heraus und ergreife keine Partei.

Kooperation
Ich gehe auf den anderen zu. Wir sprechen miteinander, jeder äußert seine Wünsche und Bedürfnisse und wir suchen gemeinsam eine Lösung. Mein Ziel ist nicht, dass einer gewinnt oder verliert, sondern, dass beide gut mit der Lösung leben können.

Die letzte Möglichkeit fehlte unseren Vorfahren, wenn Sie einem Säbelzahntiger gegenüber standen – und gäbe es diese Tiere noch, würden Sie wohl immer noch wenig von „Kooperation“ halten.

Von den vier Reaktionen ist keine nur gut oder nur schlecht. Alle haben ihre Daseinsberechtigung. Manchmal ist es wichtig zu kämpfen. Doch auch Flucht oder Erstarrung sind, je nach Situation, eine geeignete Möglichkeit. Jeder Mensch hat seinen eigenen Charakter, seine persönlichen Werte und Einstellungen. Daher fällt die Reaktion auf Kritik oder Konflikte sehr unterschiedlich aus. Grundsätzlich sollte es jedoch ihr Ziel sein, die Kooperation im Konflikt anzustreben.

Fingerspitzengefühl und klare Botschaften

Einen Konflikt gut zu lösen, das kann Ihr Kind von Ihnen lernen. Wenn Sie das innerhalb der Familie und auch im Umgang mit anderen Menschen vorleben, wird Ihr Kind sich das abgucken und es auch versuchen. Das Geheimnis einer guten Konfliktlösung heißt auch hier Achtung, Respekt und Wertschätzung.

Ihr Kind beobachtet ja jeden Tag, dass man unschöne Dinge auf unterschiedliche Arten ansprechen kann. Grundsätzlich gibt es zwei Möglichkeiten hierfür – bleiben wir zur Illustration beim Beispiel von Marc und seinem Ärger mit Lukas. Da Marc Lukas nicht darauf ansprechen möchte, schlägt sie vor, mit Lukas' Mutter darüber zu reden. Sie ruft also an.

Erste Möglichkeit: „Mir reicht es jetzt. Lukas benimmt sich schrecklich. Ständig stellt er Marc vor den anderen Kindern bloß. Wenn sonst niemand da ist, ist Marc ein guter Spielkamerad. Doch sobald andere Kinder im Raum sind, benimmt sich Lukas unmöglich. Seinetwegen will Marc nicht mehr zur Vorschule gehen!"

Zweite Möglichkeit: „Marc kam heute ganz traurig aus dem Kindergarten. Lukas ist sein bester Freund und er hat ihn vor allen anderen lächerlich gemacht. Marc schämt sich so, dass er nicht mehr in den Vorschulunterricht gehen möchte."

Der Unterschied ist deutlich: Bei der ersten Möglichkeit wird sich Lukas' Mutter sofort angegriffen fühlen und in Verteidigungsstellung gehen. Eine gute Lösung ist nicht in Sicht. Bei der zweiten Möglichkeit schildert Marcs Mutter aus ihrer Sicht, was passiert ist. Sie spricht über Gefühle und Emotionen. Dadurch wird bei Lukas' Mutter Verständnis und Mitgefühl geweckt. Im ersten Fall sendet Marcs Mutter „Du-Botschaften" und in der zweiten Variante sendet sie „Ich-Botschaften".

DU- UND ICH-BOTSCHAFTEN

Du-Botschaften greifen den Gesprächspartner an, weisen ihm die Schuld zu und drängen ihn in die Ecke. Da sind Konflikte vorprogrammiert und die Kommunikation bricht ab. Der Gesprächspartner wird sich rechtfertigen, schlägt zurück oder lässt den anderen einfach stehen.

Ich-Botschaften drücken die eigene Wahrnehmung aus und beleuchten die Gefühle. Dadurch wird beim Gesprächspartner die Beziehungsebene angesprochen. Er entwickelt Verständnis und denkt über sein Verhalten nach, ohne direkt dagegen zu halten. Dies ist eine gute Grundlage, um das Gespräch fortzusetzen und eine tragfähige Lösung zu finden.

Im Alltag sprechen wir überwiegend in Du-Botschaften. Diese sind zur Gewohnheit geworden, doch Sie können sich schnell umstellen. Anfänglich ist es reine Übungssache. Nach und nach wird es in Ihren Sprachgebrauch übergehen. Sie können Ihrem Kind von Beginn an vorleben, in Ich-Botschaften zu sprechen und es bei entsprechender Gelegenheit darauf aufmerksam machen, wie man etwas sagen könnte. Wenn es Situationen wie im oben genannten Beispiel erlebt, sprechen Sie mit ihm darüber und ergründen Sie seine Gefühle. Denn nur wenn es seine Gefühle wahrnehmen kann, ist es auch in der Lage, sie anderen gegenüber äußern. Dies sind die ersten Schritte, um Konflikte rücksichtsvoll und achtsam zu lösen.

! TIPP: ERZÄHL ES DOCH DEINEM KUSCHELTIER!

Wenn Ihr Kind sich ärgert oder traurig ist, kann es dies nicht immer sofort formulieren. Da kann manchmal eine Handpuppe oder ein Kuscheltier unterstützen. So ein „Vermittler" ist sehr hilfreich.

1. Die Handpuppe spricht Ihr Kind an:
   - *Was war denn heute in der Kita los?*
   - *Warum willst du da nicht mehr hin?*
   - *Was ärgert dich daran?*
2. Die Handpuppe zeigt ganz viel Verständnis für Ihr Kind.
   Sie spricht dabei in Ich-Botschaften:
   - *Mir ging es auch schon mal so.*
   - *Ich habe mich früher auch einmal über meinen Freund geärgert.*
   - *Das kann ich gut verstehen.*
   - *Da wäre ich auch traurig*
3. Dann bietet die Handpuppe Ihrem Kind Lösungsmöglichkeiten an:
   - *Soll ich dir einmal zeigen, was ich zu meinem Freund gesagt habe?*
   - *Möchtest du wissen, wie ich das angesprochen habe?*
   - *Ich würde dir gerne zeigen, wie du mit deinem Freund reden kannst. Hast du Lust darauf?*
4. Jetzt macht die Handpuppe ein kleines Rollenspiel mit Ihrem Kind:
   - *Lukas ich bin ganz traurig. Du bist ein guter Freund. Ich finde es gar nicht schön, wenn alle über mich lachen. Heute Morgen habe ich mich über dich geärgert. Wenn andere Kinder dabei sind, bist du so komisch zu mir. Das gefällt mir nicht.*
5. Nachdem die Handpuppe das Rollenspiel vorgemacht hat, kann Ihr Kind es nachspielen und mit der Handpuppe sagen, was ihm nicht gefällt.

Diese Methode fordert ein wenig Übung von Ihnen. Vielleicht wollen Sie sich die Ich-Botschaften vorher aufschreiben. Wenn Ihr Kind einmal Vertrauen zu der Handpuppe gewonnen hat, wird sie ein guter Freund und Ratgeber sein, der ihm in schwierigen Zeiten zur Seite steht. Und die Puppe wird als Ventil dienen, um Konfliktsituationen zu besprechen.

Kinder können viele Konflikte gut alleine lösen

Es ist wichtig, Ihr Kind in Konfliktsituationen zu unterstützen. Das heißt aber nicht, dass Sie alle Konflikte für Ihr Kind lösen sollen. Ihr Kind ist durchaus in der Lage, die meisten Konflikte selbst zu lösen. Kinder haben gute Strategien und Lösungsmöglichkeiten, Streit aus der Welt zu schaffen.

Mona und Lena sind beste Freundinnen. Sie gehen in die gleiche Kindergartengruppe und spielen auch nachmittags oft zusammen. Heute besucht Mona Lisa zu Hause. Sie spielen mit dem Kaufladen und Mona ist die Verkäuferin.

Lange Zeit ist es friedlich. Doch dann beginnen sie zu streiten. Lisa sagt zu Mona, dass der Salat zu teuer ist und sie ihr zu wenig Geld zurückgegeben hat. Mona empört sich: „Das stimmt nicht, du kennst das Geld nicht richtig. Ich habe dir drei Euro zurückgegeben. Du kannst nicht rechnen." Lisa kontert: „Du kannst auch nicht rechnen. Du bist jetzt nicht mehr meine Freundin. Ich will, dass du aufhörst, mit meinem Kaufladen zu spielen."

Die Mutter von Lisa hört den Streit, will zuerst eingreifen, bremst sich dann aber und beobachtet die Situation erst einmal. Mona verlässt den Kaufladen und setzt sich in die Zimmerecke und malt. Lisa spielt kurz alleine mit dem Kaufladen. Dann schauen sich die beiden an und sagen gleichzeitig „Entschuldigung". Vergessen ist der Streit und sie spielen einträchtig weiter mit dem Kaufladen.

Kinder nehmen vieles nicht so ernst wie wir. Wenn wir immer eingreifen und alles für sie regeln wollen, nehmen wir ihnen die Chance, selbst Erfahrungen zu sammeln. Diese sind enorm wichtig um sich selbst und andere wahrzunehmen, unterschiedliche Positionen und Meinungen zu vertreten und eigene Konfliktlösestrategien zu entwickeln. Nur durch eigenes Erleben können Kinder die für sie passenden Lösungen finden und diese sind oft ganz anders als die Lösungen von Erwachsenen.

WIE VERHALTEN SICH KINDER, WENN ES ÄRGER GIBT?

Konflikt beenden
Gerade kleinere Kinder hören einfach auf zu streiten. Sie sagen oft gar nichts und spielen weiter oder sie fragen kurz „Sind wir wieder Freunde?", und schon ist die Sache aus der Welt geschafft.

Entschuldigung sagen
Mit dieser Aussage geht es bei Kindern nicht um das Anerkennen einer Schuld. Es ist vielmehr ein Mittel um den Streit zu beenden. Sobald sich eine Partei entschuldigt, nimmt die andere die Entschuldigung an und alles ist gut.

Abstand suchen
Diese Möglichkeit nutzen Kinder oft. Jeder spielt in einer anderen Ecke, möglichst weit von seinem Gegner entfernt. Ist der Zorn verraucht, nähern sie sich wieder an und spielen, als wäre nie etwas gewesen.

Nachgeben
Älteren Kindern gelingt es schon gut, auch mal nachzugeben. Es teilt um des lieben Friedens willen die Milchschnitte mit seiner Freundin oder lässt den Freund mit dem neuen Ball spielen.

Man muss Kinder auch einfach mal machen lassen. Wenn wir Erwachsenen uns zu schnell einmischen, bekommt der Konflikt eine ganz andere Güte. Ohne unser Zutun ist er meist schnell wieder vergessen. Wenn Sie sich zu oft und zu schnell einmischen, besteht die Gefahr, dass Ihr Kind meint, es müsse in Ihrem Sinne agieren und lässt dann die Situation erst richtig eskalieren. Hier braucht es von Ihrer Seite viel Fingerspitzengefühl, wenn der richtige Zeitpunkt ist, sich einfach rauszuhalten. Wenn dies nicht gelingt, können Sie Ihr Kind mit oben gezeigten Methoden unterstützen, seine Konflikte wertschätzend zu lösen.

Hannes hat nächste Woche Geburtstag. Er feiert in einem Kletterpark. Heute kommt er entrüstet aus der Kita nach Hause. Er berichtet seiner Mutter, dass Elias nicht mehr sein Freund ist und er ihn wieder ausgeladen hat. Als seine Mutter nachfragt, warum er dies getan hat, antwortet er: „Elias hat mich beim Turnen geschubst und dann noch über mich gelacht. Ich will nicht, dass er zu meinem Geburtstag kommt."

Seine Mutter versucht, Hannes zu überreden, aber er lässt sich nicht erweichen. Insgeheim überlegt die Mutter, wie das wohl bei anderen in der Kita ankommt und wie sie das Elias Mutter beibringen soll. Als sie Hannes am nächsten Tag aus der Kita abholt, erzählt er kurz: „Wir haben uns wieder vertragen, Elias kommt doch zu meinem Geburtstag."

Dieses Beispiel zeigt, wie schnell es manchmal bei Kindern geht. Eltern machen sich Sorgen und versuchen das Problem zu lösen, dabei haben die Kinder gar kein Problem mehr. Oftmals hilft es schon, einfach eine Nacht darüber zu schlafen und schon löst sich alles in Wohlgefallen auf. Es ist einfach nicht mehr wichtig. Kinder leben zum Glück mehr im Moment als in der Vergangenheit, so dass der Streit in den Hintergrund tritt. In diesem Punkt sind uns Kinder überlegen. Wir lieben es oft, zu hadern und alte Geschichten wieder aufzuwärmen. Dabei vergessen wir, dass wir uns damit so manches Negative immer wieder neu antun. Und das muss wirklich nicht sein!

Ich bin für dich da – so unterstützen Sie Ihr Kind bei Konflikten

Grundsätzlich sollten Sie Ärger und Konflikte aber nicht ignorieren, sondern ernst nehmen, aufmerksam zuhören, darüber sprechen und bei Bedarf handeln. Miteinander reden ist im Konfliktfall sehr wichtig.

MITEINANDER REDEN HILFT

Es herrscht ein großer Aufruhr im Wald! Es geht das Gerücht um, der Bär habe eine Todesliste. Alle fragen sich, wer denn da drauf steht.

Als erster nimmt der Hirsch allen Mut zusammen und geht zum Bären und fragt ihn: „Sag mal, steh ich auch auf deiner Liste?"

„Ja", sagt der Bär, „auch dein Name steht auf der Liste."

Voller Angst dreht sich der Hirsch um und geht. Und wirklich, nach zwei Tagen wird der Hirsch tot aufgefunden.

Die Angst bei den Waldbewohnern steigt und die Gerüchteküche dreht sich weiterhin um die Frage, wer denn nun auf der Liste steht. Der Keiler ist der nächste, dem der Geduldsfaden reißt und der den Bären aufsucht um ihn zu fragen, ob er auch auf der Liste stehen würde.

„Ja", antwortet der Bär, „auch du stehst auf der Liste."

Verängstigt verabschiedet sich der Keiler vom Bären. Und auch ihn findet man nach zwei Tagen tot auf.

Nun bricht die Panik bei den Waldbewohnern aus. Nur der Hase traut sich noch, den Bären aufzusuchen.

„Bär, steh ich auch auf der Liste?"

„Jawohl, auch du stehst auf der Liste."

„Kannst du mich da streichen"

„Ja klar, kein Problem."

(Verfasser unbekannt)

KEINE RUHIGE MINUTE – TROTZDEM GELASSEN BLEIBEN!

Stress kann das Leben attraktiv machen, uns fordern und beflügeln. Er kann uns das Leben aber auch zur Qual machen, uns zerstören und krank machen.

Wir Eltern erleben das Tag für Tag: Unzählige Momente, in denen der Puls hochschnellt. Meist sind es schöne und wertvolle Situationen, doch phasenweise auch besonders viele weniger schöne. Das kennen wir alle. Wir wissen, dass der Alltag mit kleinen Kindern anstrengend und stressig sein kann. Wir versuchen, Familie, Beruf, Haushalt und Freizeit unter einen Hut zu bekommen. Dies gelingt mal mehr oder weniger gut. Vieles ist gut geplant und die Tage sind durchgetaktet, doch wehe wenn der Ablauf nicht planmäßig gelingt. Wir sind keine Maschinen und vor allem Kinder lassen sich nicht auf die Minute planen, bestimmen und regeln.

Ich persönlich verwende selten den Begriff Stress, denn Stress kann krank machen. Ich nenne es „Treiben" und ich gebe ehrlich zu, dass mir „gesundes Treiben" sogar Spaß macht. Wenn es allerdings keine Ruhezonen dazwischen mehr gibt, wenn ich Dingen und Verabredungen nachrennen muss, dann verwandelt sich das Treiben zu einem gefährlichen Sog, der mich und mein Kind gleichermaßen in den Strudel zieht. Das sind dann Situationen, in denen das Herz schneller schlägt und ich merke, dass alles nicht mehr rund läuft. Das ist es, was ich Stress nenne. Doch schauen wir uns den Begriff „Stress" und was dahintersteckt, näher an.

Wie entsteht Stress?

WAS PASSIERT BEI STRESS IM KÖRPER

Bei Gefahr oder starker emotionaler oder körperlicher Belastung schüttet der Körper Stresshormone wie Adrenalin, Kortisol oder Noradrenalin aus. Er mobilisiert alle Körperreserven, die Puls-, Blut- und Atemfrequenz steigt an und der Magen-Darm-Bereich stellt die Verdauung ein.

Dies ist ein uraltes Programm in uns. Es stammt noch aus der Urzeit – im Kapitel über Kommunikation habe ich die Geschichte vom Säbelzahntiger erzählt und welche Reaktionen uns quasi „einprogrammiert" sind –aus derselben Zeit stammt auch unser Stress-Programm. Wenn unsere Vorfahren vom Tiger oder vom Mammut angegriffen wurden, musste der Körper schnell reagieren. Deshalb stieg der Puls an, das Herz pumpte schneller, Adrenalin schoss durch den Körper und die Verdauungsorgane liefen auf Sparflamme. Dieses Notprogramm ist heute immer noch aktiv. Manchmal ist es hilfreich, manchmal aber auch nicht.

Zwei Freundinnen sitzen auf einer Bank beim Spielplatz und beobachten ihre Kinder. Es ist eine entspannte Situation. Die Kinder haben ihren Spaß, die Freundinnen tauschen sich aus und freuen sich über einen herrlichen Tag. Nichts kann sie stören.

Jetzt wollen die Kinder Ball spielen. Die Mütter werfen immer wieder den Ball von ihrer Bank Richtung Kinder, die versuchen ihn zu fangen. Alle werden übermütiger, bis der dreijährige Tim den Ball unvermittelt mit Wucht zur falschen Seite wirft. Der knallrote Ball fliegt auf eine vielbefahrene Straße. Tims ältere Schwester möchte den Ball noch erreichen und droht auf die Straße zu rennen.

Jetzt setzt bei den Müttern das „urzeitliche Stressprogramm" ein. Sie springen auf, schreien und erreichen in letzter Sekunde das Mädchen, das sonst achtlos auf die Straße gelaufen wäre.

In solchen Fällen ist unsere Reaktion aus dem Urzeit-Stress-Programm absolut sinnvoll. Dadurch haben wir die Möglichkeit, in Gefahrensituationen schnell zu reagieren und laufen zur Höchstform auf. Wir starten von 0 auf 100, und diese schnelle Reaktionsfähigkeit kann heute noch Leben retten. Deshalb ist es gut, dass wir damit ausgestattet sind.

Es gibt aber auch viele Situationen im Alltag, in denen unser Stress-Programm abläuft. Wenn sich das häuft und über längere Zeit anhält, schadet es unserer Gesundheit. Es ist nicht gut, wenn wir ständig auf Hochtouren laufen, denn Körper und Geist leiden dabei.

Das automatische Stress-Programm

Sylvia freut sich auf ein entspanntes Wochenende mit ihrer Familie. Freitagabends klagt ihre Tochter Lea über Bauchschmerzen. Sie war nachmittags auf einem Kindergeburtstag und hat wahrscheinlich sehr viele unterschiedliche Dinge gegessen. Die Mutter kocht ihr einen Tee und bringt sie zu Bett.

In der Nacht wird sie durch lautes Rufen geweckt: „Mama komm schnell. Mir ist so schlecht." Nun nimmt das Übel seinen Lauf. Lea schafft es nicht mehr bis ins Badezimmer und Sylvia ist die halbe Nacht damit beschäftigt, ihre Tochter zu versorgen und das Kinderzimmer zu säubern. Am frühen Morgen schläft Lea endlich ein. Sylvia geht auch zu Bett und freut sich auf ein paar Stunden Schlaf.

An solchen Tagen läuft das Stress-Programm von morgens bis abends. Viele Kleinigkeiten summieren sich und irgendwann ist der Akku leer. Wenn man solchen Dauerstress Tag für Tag erlebt, tut das dem Körper nicht gut. Er ist ständig in Alarmbereitschaft. Das führt zu Erschöpfung, ständiger Müdigkeit und insgesamt weniger Lebensfreude.

WIE KINDER MIT STRESS UMGEHEN – DIE STRESSFALLE

Kinder sagen nicht: „Ich bin gestresst!“ Das heißt aber nicht, dass sie keinen Stress kennen, sondern nur, dass wir lernen müssen, zu erkennen, wenn es unseren Kindern alles zu viel ist.

„Eine Generation, die zunehmend in den besten Lebensjahren mit Burnout zu kämpfen hat, entwirft für ihre eigenen Kinder einen Lebensweg mit noch mehr Tempo, noch mehr Leistung und noch mehr ‚Förderung'. Sie funktioniert Kindergärten zu Schulen um, weil sie glaubt, Kinder, die früh Mathe lernen, seien schneller am Ziel. Moment mal – an welchem Ziel?“

Herbert Renz-Polster

Kinder reagieren immer auf Stress, bewusst und unbewusst. Wie passen der Begriff Stress und Kinder überhaupt zusammen? Im Kapitel Achtsamkeit habe ich geschrieben, dass Kinder grundsätzlich achtsam sind. Sie können noch träumen, den Augenblick genießen, ganz im Hier und Jetzt sein. Sie leben oft im Flow und lassen sich nicht aus der Ruhe bringen. Können Kinder denn überhaupt gestresst sein? Ja, ganz sicher. Sie klagen nicht wie wir Erwachsenen über einen stressigen Tag oder müssen sich nach einem anstrengenden Ausflug mit Kind und Kegel erst einmal ausruhen. Nein, dass Ihr Kind gestresst ist, merken Sie daran, dass es gereizt reagiert, ständig müde ist oder sehr viel quengelt. Kinder sagen nicht, dass sie gestresst sind, aber sie zeigen es.

Silke hat zwei Kinder, die rund drei Jahre auseinander sind. Das Mädchen freute sich zunächst sehr, als sich zu ihr noch ein kleiner Bruder dazugesellte. Sie betrachtete ihn als „Puppe" und genoss es, ihn zu umsorgen. Doch umso älter und aktiver das Baby wurde, umso größer wurde die Eifersucht der Schwester. Inzwischen ist das zu einem echten Problem geworden.

Das Baby schreit oft, bekommt dadurch viel Aufmerksamkeit und das gefällt seiner Schwester überhaupt nicht. Wenn die Familie mit dem Kleinen gemeinsam eine Tour mit dem Kinderwagen macht, wird es unruhig. Die ältere Schwester beschließt dann, unbedingt noch zur Toilette zu müssen. Der kleine Bruder ist natürlich schon fertig angezogen und liegt im Kinderwagen. Die Schwester lässt sich übermäßig viel Zeit und quengelt und zetert und will auf einmal nicht mehr spazieren gehen. Die Mutter ist total genervt und macht ihrem Ärger Luft. Schreierei ist die Folge – an eine gelöste Stimmung ist nicht zu denken.

Die Tochter fühlt sich zurzeit in Gegenwart ihres Bruders nicht wohl. Sie ist eifersüchtig auf ihn, möchte nicht mit der Mutter und ihrem kleinen Bruder spazieren gehen und überlegt sich eine Taktik, wie sie dies hinauszögern könnte. Je mehr die Mutter sie antreibt, desto langsamer wird ihre Tochter. Bei der Mutter steigt der Stresspegel und ihre Tochter macht dicht und verweigert sich.

Häufen sich diese Momente, entsteht ernsthafter Dauerstress für alle Beteiligten. Unter Stress kann man nicht gut achtsam sein und achtsam miteinander umgehen. Stress führt zu unguten Gefühlen, schlechter Stimmung und mit der Zeit zu ständigen Konflikten.

In solchen Situationen ist es wichtig „einen Schritt zurückzutreten" und alles mit etwas Abstand zu betrachten. Dies gelingt oft nicht in der Situation. Die Gemütslage aller Beteiligten ist zu aufgebracht.

! TIPP: BEVOR ES KRACHT – DIE STRESSAMPEL FRAGEN

Das Wort Stress ist für Kinder sehr schwer zu verstehen. Deshalb können Sie spielerisch herausfinden, wie es Ihrem Kind gerade geht.

Basteln Sie gemeinsam mit Ihrem Kind drei Smileys. Einen grünen mit lächelndem Gesicht, einen gelben mit neutralem Gesicht und einen roten mit bösem Gesicht. Während des Malens können Sie schon mal darüber sprechen, welche Bedeutung die Smileys haben und welche Gefühle dahinter stehen.

Hängen Sie die Smileys jetzt in Form einer Ampel (Rot, Gelb, Grün) an eine Pinnwand in die Küche oder ins Kinderzimmer an die Wand.

Besorgen Sie außerdem Wäscheklammern aus Holz, und auf jede kommt der Name eines Familienmitglieds. Die jüngeren Kinder können auch ein Bild für sich darauf malen.

Wenn es beim nächsten Mal stressig wird und die Situation zu eskalieren droht, gehen Sie mit Ihrem Kind an die Stressampel. Jetzt platziert jedes Familienmitglied seine Klammer an einem Smiley und sagt, wie es ihm gerade geht und warum es ihm so geht. So können viele Konflikte aufgefangen und Tränen, Streit und Ärger vermieden werden. Es zeugt von einem achtsamen Umgang miteinander, wenn man sich Zeit für den anderen nimmt und Gefühle ernst nimmt.

Als Silke das nächste Mal mit ihren Kindern spazieren gehen wollte und ihre Tochter wieder nicht mitkommen wollte, nahmen sich die beiden Zeit, mit Hilfe der Stressampel herauszufinden, wo das eigentliche Problem lag. Es stellte sich heraus, dass die große Schwester sich besonders darüber ärgerte, dass ihr Bruder durch das häufige Schreien die Aufmerksamkeit auf sich zog. Alle schauten interessiert nach ihrem Bruder. Dem Mädchen machte es keinen Spaß, neben dem Kinderwagen zu stehen, wenn die älteren Damen ihren Bruder anhimmelten.

Herausfinden, was los ist

Erinnern Sie sich an das Eisberg-Modell im Kapitel über Kommunikation? Dort habe ich den unteren Teil des Eisbergs als häufige Ursache für Konflikte beschrieben. Die Tochter hatte im Eisberg die Gefühle „Eifersucht und Langeweile“ angesammelt. Ihre Reaktion zeigte sich deutlich in ihrem Verhalten. Von nun an konnte die Mutter die Situation entschärfen, indem die Tochter künftig die Spaziergänge mit dem Laufrad begleiten durfte. Die Tochter war sehr stolz, dass sie schon Laufrad fahren konnte und erhielt natürlich auch Anerkennung dafür. Fortan gingen alle Ausflüge entspannter vonstatten.

Eine andere Möglichkeit wäre, einmal etwas alleine mit der Tochter zu unternehmen. Vielleicht gemeinsam mit ihr einen Spielplatz zu besuchen, und zwar einen, für den der Bruder noch zu klein ist. In dieser Zeit liegt Silkes volle Aufmerksamkeit auf den Bedürfnissen der Tochter und das Mädchen fühlt sich wertvoll, wichtig und geliebt. Es tut ihr gut, im Mittelpunkt zu stehen und es wird ihr Selbstbewusstsein stärken.

Was stresst unsere Familie?

Auch wenn Kinder Stress nicht benennen, empfinden sie ihn doch. Meist sind wir Eltern verantwortlich dafür. Wir wollen das Beste für unsere Kinder, besuchen gleich nach der Geburt unterschiedliche Kurse: Babyschwimmen, Pekip, Babymassagen, Krabbelgruppen, Mami-Fit usw. Sie sollen bestmöglich gefördert werden. Das ist grundsätzlich alles nicht schlecht. Doch die Dosis entscheidet, ob es sich zu Stress entwickelt. Später melden wir sie dann in der musikalischen Früherziehung, im Sportverein, beim Eltern-Kind-Turnen an, um ihnen eine Vielzahl an Möglichkeiten zu bieten. Zeit zum freien Spielen und zur Langeweile gibt es immer weniger.

Das Ganze ist ein gesellschaftliches Problem. Kinder sollen zu kleinen Erwachsenen erzogen werden. Früher durften die Kinder eher Kinder sein. Heute wird vieles hinterfragt, es gibt unzählige Ratgeber und das Internet, indem man sich informiert. Man will das Beste für sein Kind, vergleicht es mit anderen Kindern und sorgt schnell für die Förderung. Dabei vergessen wir manchmal, dass auch Förderstunden, egal in welchem Bereich, den Kindern Zeit rauben und sie auch takten. Daher, und ich weiß das ist sehr schwer, sollten Sie immer überlegen, was wirklich sein muss. Wir sollten bei allem Fördern unsere Kinder nicht überfordern. Leider ist unsere Gesellschaft sehr auf Schwächen fixiert. Scheinbare Defizite werden aufgezeigt, die Stärken werden als normal vorausgesetzt. Hier fällt es manchmal schwer, die richtige Balance zu finden. Das Allerwichtigste: In erster Linie muss sich Ihr Kind wohlfühlen und glücklich sein – darauf kommt es an!

Peter und Franz wohnen in der gleichen Straße und sind gute Freunde. Doch in letzter Zeit kommt es immer seltener vor, dass sie spontan miteinander spielen. Peter (6) geht zweimal wöchentlich zum Fußballtraining, samstags hat er immer ein Mannschaftsspiel, zusätzlich spielt er Gitarre und singt im Kinderchor. Franz (5) hat auch zweimal wöchentlich Karate-Training, zusätzlich muss er noch einmal in der Woche zur Logopädin und eigentlich sollte er noch einen Schwimmkurs besuchen. Den beiden Jungs bleibt wenig Zeit sich zu verabreden und gemeinsam zu spielen.

Wenn schon Vorschulkinder so viele Termine haben und keine Zeit mehr zum Spielen finden, sollte dies die Eltern nachdenklich stimmen. Für diese Art von Stress sind wir selbst verantwortlich. Natürlich sollen unsere Kinder Hobbys haben. Doch oben beschriebenes Szenario artet zu einer Art Freizeitstress aus. Die Kinder haben täglich Verpflichtungen und Termindruck. Wenn dann noch der Leistungsdruck in der Schule dazu kommt, sind sie einfach überfordert.

Das Schöne an der Kindheit ist doch, dass die Kinder sie noch frei und unbeschwert genießen können. Sie dürfen in den Tag hineinleben, sind nicht ständig fremdbestimmt und haben grundsätzlich nicht so viele Verpflichtungen wie wir Erwachsene. Und was gibt es Schöneres, als mit Freunden zu spielen, nicht auf die Uhr zu schauen und sich zu wundern, wenn der Tag vorüber ist und man es gar nicht bemerkt hat.

Wir erkämpfen uns heute wieder mühevoll diese „Freizeit" zurück. Wir nehmen uns Zeit für Entspannung, Achtsamkeit, Yoga, Wellness, Meditation – und die Zeit unserer Kinder verplanen wir bis zum Anschlag.

Für mich heißt das Zauberwort „Entschleunigung". Lassen Sie Ihr Kind Kind sein. Fördern Sie es wenn nötig, ermöglichen Sie ihm Hobbys, wenn es Lust darauf hat, doch lassen Sie ihm die Zeit, spielerisch seine Erfahrungen zu machen.

Spielen ist achtsam verbrachte Zeit

SPIELEN IST LERNEN

Kinder lernen am meisten, wenn sie frei und kreativ spielen können. Spielen schult die motorischen und kognitiven Fähigkeiten und fördert die soziale Entwicklung. Durch vielfältige Erfahrungen beim Spielen werden die sogenannten Synapsen, man könnte auch Verknüpfungen sagen, im Gehirn angelegt, die später immer mehr ausgebaut werden.

Stressig wird es noch früh genug im Leben Ihres Kindes. Lassen Sie ihm alle Zeit, die es braucht. Sie werden merken, das zahlt sich aus!

Der Sohn einer Klientin hatte zweimal pro Woche Handballtraining und am Wochenende ein Spiel. Grundsätzlich blieb der Familie noch genügend Zeit gemütliche Nachmittage zusammen zu verbringen oder sich mit Freunden zu verabreden. Bei der Schulreifeuntersuchung wurde festgestellt, dass der Junge Defizite in der Sprache hatte. Meine Klientin setzte Himmel und Hölle in Bewegung um ihren Sohn bestmöglich zu fördern. Das Ergebnis war, dass er jeweils einen Termin pro Woche beim Logopäden, beim Ergotherapeuten und beim Osteopathen hatte. Die Freizeit war von diesem Zeitpunkt an sehr knapp bemessen. Der Familie gefiel das überhaupt nicht, doch die Eltern wollten ihrem Kind alle Möglichkeiten eröffnen und es bis Schulbeginn sprachlich fit machen.

Eines Tages holte sie ihren Sohn aus der Kita ab und dieser fragte sie: „Mama, welche Termine haben wir heute wieder? Ich habe keine Lust mehr darauf. Immer diese blöden Therapeuten! Ich will endlich mal wieder spielen." Diese Sätze öffneten ihr die Augen.

Wenn Probleme auftreten, ist es wichtig, diese ernst zu nehmen und Ihr Kind zu fördern. Erfahrene, besonnene Kinderärzte sind hier oft eine Hilfe und können Sie fachkundig beraten. Es ist immer schwierig den Spagat zu schaffen – wann werden die Termine zu viel und führen zu Überforderung und wann ist es nötig zu handeln, damit Ihrem Kind keine Nachteile entstehen.

Die Entwicklung jedes Kindes ist unterschiedlich. Manche Kinder haben ihre Stärken in der Sprache, sind vielleicht motorisch nicht so fit oder es fehlt Ihnen an Sozialkompetenz. Andere wiederum können früh laufen, schwimmen und Fahrrad fahren, dafür lispeln oder stottern sie. Unsere Kinder sind nicht perfekt und sollen es auch nicht sein. Gerade die Einzigartigkeit macht sie zu etwas Besonderem. Wägen Sie ab, was das Beste für Ihr Kind ist!

TIPP: AUF DIE STÄRKEN SCHAUEN

Stärken Sie die Stärken Ihres Kindes. Fördern und bestätigen Sie es in dem, was es gut kann. Dann hat es Erfolgserlebnisse. Wenn Sie ihm ständig seine Schwächen vor Augen führen, kann es sich nicht zu einem selbstbewussten Menschen entwickeln.

Von Eltern gemachter Stress

Ich habe Kinder befragt, welche Situationen besonders anstrengend für sie sind:

- wenn ich keine Zeit zum Spielen habe
- wenn meine Eltern mit mir schimpfen
- wenn ich mich beeilen muss
- wenn wir so viele Termine haben
- wenn ich immer Rücksicht auf meinen kleinen Bruder nehmen muss
- wenn Mama morgens sagt: „Mach schneller! Trödel nicht!“
- wenn ich Mittags keine Zeit für mich habe
- wenn keiner Zeit für mich hat
- wenn ich leise sein muss und lieber singen will

Szenario 1:

Es ist Samstag und Sie haben viel vor heute. Um 11:00 Uhr sind Sie mit Ihrer Familie bei Freunden zum Brunch eingeladen. Vorher erledigt Ihr Mann noch schnell den Wochenendeinkauf, Sie bringen den Haushalt auf Vordermann, die Kinder spielen in ihrem Zimmer. Um 10:30 Uhr treiben Sie alle zur Eile an, da Sie pünktlich sein wollen. Der Vormittag bei Ihren Freunden ist sehr schön. Gegen Mittag werden Sie nervös, schauen ständig auf die Uhr, da Ihre Tochter um 14:00 Uhr ein Reitturnier hat. In dieser Zeit geht Ihr Mann mit Ihrem

Sohn ins Schwimmbad. Um 18:00 Uhr sind sie bei den Schwiegereltern zum Geburtstagsessen eingeladen. Sie kriegen alles hin, aber abends sind alle erledigt.

Szenario 2:

Es ist Samstag und Sie haben heute nichts vor. Ihr Mann erledigt den Wochenendeinkauf, Sie die Hausarbeit, die Kinder spielen in ihrem Zimmer. Nach der getanen Arbeit gesellen Sie sich zu den Kindern und lesen ihnen ein Buch vor. Als ihr Mann zurückkommt, spielen Sie ein Spiel und beschließen, dass Sie zusammen ins Schwimmbad gehen. Danach machen sie alle gemeinsam einen Mittagsschlaf. Abends kochen Sie gemeinsam ein Gericht, dass alle besonders gerne essen und das Abendessen ist von Reden und Lachen begleitet. Alle sind entspannt und fühlen sich wohl.

Ich brauche Sie jetzt nicht zu fragen, welcher Tag ihnen besser gefallen würde. Manchmal ist es einfach, den Tag entspannt zu gestalten. An anderen Tagen wiederum gelingt uns dies nicht. Wir sollten darauf achten, dass wir uns jeden Tag Freiräume einplanen und nicht von Termin zu Termin hetzen.

! ACHTSAMKEITS-TIPP: „FREI-TAG“

Wenn Sie sehr verplant sind, ist es wichtig, sich bewusst Freiräume einzuplanen. Nehmen Sie sich Ihren Terminkalender zur Hand, am besten führen Sie einen Familienplaner. Somit haben Sie alle Termine im Blick.

Überlegen Sie nun, an welchen Tagen, zu welchen Uhrzeiten Sie bewusst Zeit mit Ihrer Familie verbringen wollen und bewusst nichts tun wollen. Fragen Sie Ihre Kinder, was ihnen Spaß macht und was sie sich wünschen. Tragen Sie sich diese Zeiten als Termine ein. Das sind Ihre Frei-Tage! Betrachten Sie so einen Frei-Tag wie einen festen Termin. Sie werden diese Tage/Stunden alle genießen. Sie entschleunigen enorm.

ALLTÄGLICHE TURBULENZEN MIT RUHE ÜBERSTEHEN

Zwischen Eltern und Kindern lässt sich Stress nicht immer vermeiden. Doch wir können entscheiden, wie wir damit umgehen. Oft können wir selbst etwas dagegen tun – schon bevor es Streit gibt.

Zeit zum Schlafengehen

Gegen selbst verursachten Stress können Sie etwas tun, indem Sie Tempo herausnehmen. Andere Situationen können Sie nicht so einfach beeinflussen. Sie passieren einfach. Doch gerade den Abend und die Zeit, wenn es für die Kinder ins Bett geht, haben wir in der Hand. Eine meiner Klientinnen empfand die Zeit vor dem Schlafen gehen als enorm anstrengend.

Marie hat einen vierjährigen Sohn und eine sechs Monate alte Tochter. Die stressigste Zeit für sie ist abends, wenn die beiden ins Bett gebracht werden. Ihr Mann arbeitet im Schichtdienst und ist nicht jeden Abend zu Hause. Daher ist sie oft alleine mit den Kindern, die oft aus Müdigkeit quengeln. Sie müsste sich jetzt teilen können. Die Kleine muss gestillt und gewickelt werden und der Große will auch seine Portion Aufmerksamkeit. Sie ruft ihm zu, er soll jetzt Zähne putzen. Er springt unbeeindruckt auf dem Bett herum. Meistens eskalieren die Abende und sie ist froh, wenn beide Kinder im Bett liegen.

Solche Abende stressen, denn Marie handelt fremdgesteuert und funktioniert einfach. Im Kapitel „Mehr Achtsamkeit im Alltag“ habe ich unterschiedliche Abendrituale beschrieben. Das kann ein gemeinsamer schöner Tagesabschluss sein, bei dem Sie Ihrem Kind eine Geschichte vorlesen, zusammen ein Gute-Nacht-Lied singen oder zusammen kuscheln.

Negative Erlebnisse sollten noch vor dem Schlafen angesprochen und aufgearbeitet werden. Ihr Kind kann einem Kuscheltier von seinen Sorgen erzählen und es zaubert die Sorgen weg. Achtsame Rituale und ein entspanntes Tagesende sind wichtig. Sie geben Ihnen und Ihren Kindern eine feste Struktur. Durch immer wiederkehrende Abläufe fühlen sich Ihre Kinder geborgen und sicher. Sie wissen, dass der Tag immer gleich zu Ende geht und das hilft enorm gegen Stress.

Die Bedürfnisse der Kinder sind sehr unterschiedlich und jedes fordert ihre Aufmerksamkeit. Deshalb können die Abendrituale, je nach Alter der Kinder, auch ganz unterschiedlich sein. Schön wäre es, wenn Sie einen gemeinsamen Tagesabschluss finden, der allen Familienmitgliedern gefällt. Im Beispiel von Marie und ihren Kindern haben wir gemeinsam überlegt, wie sie jedem Kind gerecht werden kann und der Abend für sie persönlich entspannter wird. Folgende Lösung haben wir gefunden. Während sie die Kleine stillt und wickelt, darf der Große eine Kinderserie im Fernsehen schauen. Danach unterstützt sie ihn beim Zähneputzen und waschen. Die Kleine liegt derweil auf der Krabbeldecke oder im Laufstall. Im Anschluss kuscheln alle im Kinderzimmer und Marie liest noch eine kleine Geschichte vor oder sie singen gemeinsam Lieder. Danach gehen die Kinder meist ohne viel Aufhebens ins Bett, die Stimmung ist harmonisch und entspannt. Und danach hat Marie auch Zeit für sich alleine oder mit ihrem Partner, um den Abend ausklingen zu lassen.

Mit Kindern Einkäufe erledigen

Viele Mütter berichten mir, dass gerade der Einkauf mit Kindern für sie enorm stressig ist. Sie wollen schnell durch den Supermarkt, wissen genau, was sie wollen und haben das Ziel, möglichst bald wieder draußen zu sein. Die Kinder haben jedoch ganz andere Bedürfnisse.

SAFARI IM SUPERMARKT

Die Mutter hat die Kinder gerade aus der Kita abgeholt und jetzt steuern sie gemeinsam den Supermarkt an. Schnell noch die Wochenendeinkäufe erledigen. Bea (2 Jahre) sitzt im Einkaufswagen, Louis (5 Jahre) läuft nebenher. Sofort fängt Louis an, den Wagen zu beladen. Gummibärchen, Schokoriegel – die Mutter lässt ihn gewähren, um des lieben Friedens willen sagt sie nichts, erst als Louis auch noch ein Trinkjoghurt in den Wagen wirft und das Fläschchen sich über die kleine Schwester ergießt, reicht es der Mutter. Sie packt Louis fest am Arm und sagt: „Louis, es reicht, was sollen denn die Leute denken."

Bald darauf fängt Bea an zu quengeln. Sie ist müde und hungrig. In einem unachtsamen Moment zwickt Louis seine Schwester in den Fuß und der ganze Einkaufsmarkt hört das Schreikonzert. Die Mutter ist entnervt, holt zwei Brezeln aus dem Backautomat und jetzt ist erst einmal Ruhe. Die Ruhe nutzt sie, um das einzukaufen, was sie wirklich braucht.

Richtung Kasse reißt sich Louis von der Hand und stürmt zu einem Regal, auf dem Spielzeugautos stehen. Schnell hat er einen gelben Rennwagen in der Hand und gibt ihn nicht mehr her. Er beißt seine Mutter in den Finger, sie reißt ihm das Auto aus der Hand und schreit ihn an. Jetzt schreit auch noch die Kleine, sie hat keine Geduld mehr. Obwohl es im Supermarkt drei Kassen gibt, ist nur eine besetzt, die Schlange scheint unendlich lang. Glücklicherweise lassen einige die Familie vor, kurz vor der Kasse wirft sich Louis auf den Boden und schreit wie am Spieß. Er lässt sich nicht mehr beruhigen. Die Mutter kann nicht mehr und legt das gelbe Auto aufs Kassenband.

In der oben genannten Situation kommen viele Dinge zusammen. Louis kennt im Supermarkt keine Grenzen. Er hat bemerkt, dass ihm seine Mutter in der Öffentlichkeit vieles erlaubt, um kein Aufsehen zu erregen. Wie selbstverständlich befüllt er den Wagen mit Süßigkeiten und hört kein „Nein". Als die Situation zu eskalieren droht, versucht die Mutter die Kinder mit Brezeln abzulenken und gibt letztendlich nach, als Louis das gelbe Auto haben möchte. In solchen Situationen geht es selten um die Wünsche der Kinder, eher um das Testen von Grenzen und das Ausüben von Macht. Kinder merken sofort, dass sie gerade am längeren Hebel sitzen, und die Eltern geben nach, um Konflikte zu vermeiden oder keine Aufmerksamkeit zu erregen.

So entgehen Sie der Stressfalle beim Einkaufen

Das ist jedoch auf Dauer der falsche Weg. Besser ist es, im Vorfeld klare Regeln zu vereinbaren. Kinder sollten wissen, was sie dürfen und was sie nicht dürfen. Falls das im Supermarkt dann doch nicht funktioniert, sollten sie auf jeden Fall Konsequenzen für ihr Handeln erleben. Für die Eltern ist es bedeutsam, die Situation dann auch auszuhalten und nicht nachzugeben, selbst wenn es anstrengend oder peinlich wird.

Um solche Situationen zu vermeiden, gehen viele Eltern alleine einkaufen. Sie nutzen die Zeit, wenn die Kinder in der Kita oder bei Freunden sind. Dies ist eine Möglichkeit. Grundsätzlich sollten Kinder jedoch lernen, dass es auch beim Einkauf Regeln gibt und die bedeuten eben nicht, dass ich alles bekomme, was ich will. Dies ist vielleicht anstrengend, doch wenn Sie von Anfang an konsequent sind, wird es überhaupt nicht so eskalieren wie im oben genannten Beispiel.

TIPP: KLEINE AUFGABEN VERTEILEN

Besprechen Sie im Vorfeld, was Sie einkaufen wollen. Geben Sie Ihrem Kind Aufgaben. So könnte es z. B. die Kartoffeln suchen, es darf sich, wenn das Produkt auf dem Einkaufszettel steht, das Eis aussuchen. Wichtig ist, dass es seinen Part hat und genau weiß wo seine Grenzen sind.

Dem Stress entgegenwirken – Ihr persönlicher Alltags-Stress-Check

Es gibt ganz viele unterschiedliche Situationen, die von außen auf Sie zukommen und die Sie stressen. Doch Sie haben immer die Möglichkeit, etwas dagegen zu unternehmen. Es ist keine gute Option, alles einfach geschehen zu lassen. So werden Sie zum Opfer der Umstände. Bleiben Sie aktiv, offen für Neues und entfliehen Sie der täglichen Stressfalle. Sie fordert uns täglich neu heraus und es gelingt uns – mal mehr und mal weniger – gut entspannt zu reagieren. Damit Sie Ihre persönlichen alltäglichen Stressfallen besser erkennen, versuchen Sie hin und wieder mit Hilfe des Alltags-Checks herauszufinden, wie Sie sich wieder Luft verschaffen können. Seien Sie achtsam im Umgang mit Ihrer Lebenszeit.

TIPP: ALLTAGS-STRESS-CHECK

Mit dieser Übung überprüfen Sie Ihren Tag.

- Wie verlaufen Ihre Tage meistens?
- Wann wird es stressig?
- Welche stressigen Situationen treten immer wieder auf?

Nehmen Sie sich die Zeit und analysieren Sie, gerade in stressigen Zeiten, die Ursache für den Stress.

1. Nehmen Sie ein Blatt Papier zur Hand und zeichnen Sie darauf ein Koordinatensystem. Die x-Achse steht für Ihren Tagesablauf. Fangen Sie mit der Uhrzeit an, an der Ihr Tag beginnt und enden Sie mit der Stunde zu der Sie ins Bett gehen.
2. Die y-Achse steht für den Stresspegel. Schreiben Sie dort Zahlen von 0-10 hin. 0 bedeutet kein Stress und 10 höchster Stress.
3. Denken Sie nun darüber nach, wie Ihr Tag beginnt.
   - Wie verläuft das Frühstück?
   - Wie gelingt Anziehen und aus dem Haus gehen?
   - Welche Höhen und Tiefen treten im gesamten Tag auf?
   - Wie gestresst fühlen Sie sich, wenn Sie Ihr Kind abholen, Essen zubereiten oder Hausaufgaben mit ihm machen?
   - Wie verlaufen die Nachmittage mit unterschiedlichen Aktivitäten?
   - Wie entspannt oder nicht entspannt geht ihr Tag zu Ende?
4. So identifizieren Sie schnell Ihre ganz persönlichen Stress-Stoßzeiten.
5. Interessant wird es, wenn Sie Ihr Kind befragen und seinen Alltagscheck neben Ihren legen. Empfindet es ähnlich oder nimmt es dies ganz anders wahr?
6. Wenn Sie die Stress-Stoßzeiten identifiziert haben, können Sie gezielt nach Lösungsmöglichkeiten suchen, diese zu entspannen.

Es ist gut, wenn Sie Situationen entschärfen, bevor sie entstehen. Wenn Sie merken, dass der Stresspegel in der Familie steigt, können Sie eingreifen, bevor es eskaliert. Dies ist oft eine Sache der inneren Einstellung. Stress beginnt im Kopf und hat viel damit zu tun, wie achtsam wir uns und unser Umfeld wahrnehmen.

Tausche Stress gegen Gelassenheit

Nicht nur im Alltag ist es gut und sinnvoll, dem Stress nicht das Regiment zu überlassen. Auch in außergewöhnlichen, ja gefährlichen Situationen, ist es meist die bessere Option, kontrolliert und ruhig zu bleiben und dementsprechend zu handeln.

Bedacht handeln

Evis Sohn spielt draußen im Garten an der Steintreppe. Er liebt es kleine Murmeln kullern zu lassen und wieder aufzufangen. Das macht er täglich und er bewegt sich auf dieser Treppe sehr sicher.

Als er gerade wieder eine Murmel kullern lässt, ruft der Nachbar von nebenan nach ihm und bietet ein Eis an. Der Kleine will antworten, verliert das Gleichgewicht und fällt kopfüber die Treppe hinunter. Evi sieht das aus dem Küchenfenster, ruft erschrocken und reagiert verständlicherweise panisch. Sie rennt zu ihm hin.

In diesem Moment merkt sie, dass ihre Reaktion den Kleinen zusätzlich erschreckt. Evi gelingt es, sich zu beruhigen. Sie nimmt den Jungen auf den Arm. Er ist voll ansprechbar, sie bringt ihn ins Haus und kühlt seine Stirn. Er hatte Glück – es ist nichts Schlimmes passiert.

Alle Mütter und Väter kennen solche Situationen. Aus Sorge um das Kind gerät man in Panik, schafft es dann aber doch, besonnen zu reagieren und das Richtige zu tun. Zumindest nach außen erweckt man den Eindruck, alles im Griff zu haben, und das entschärft so manche Situation. Eine extreme „Stressklippe“ wird bedacht umschifft. Oft geraten wir in Stress, weil wir Angst haben – besonders um unsere Kinder. In diesen Situationen gelassen zu bleiben und bedacht zu reagieren ist manchmal sehr schwer. Doch es ist nicht hilfreich, wenn wir in Krisensituationen die Nerven verlieren.

Bedacht reden

Die Umwelt ist immer gleich, die Wahrnehmung jedes Einzelnen ist jedoch verschieden. Dementsprechend ist auch das Stressempfinden jedes Menschen individuell. Ein einfaches Beispiel ist das Wetter mit all seinen Facetten.

Sie planen morgen mit Ihren Kindern einen Ausflug in den Zoo und der Wetterbericht sagt Regen voraus. Diese Prognose macht Ihnen zu schaffen. Sie wollten doch bei gutem Wetter auf Tour.

Sie könnten beim Abendessen sagen: „Es wird wohl regnen, aber wir machen das Beste draus. Wir ziehen Matschhosen und Gummistiefel an und gehen trotzdem in den Zoo."

Oder Sie könnten sagen: „Es soll so stark regnen, dass wir den Ausflug besser nicht machen."

Oder auch: „Wenn es regnet, und das soll es morgen, werden wir nur alle krank. Aber wenn wir nicht gehen, quengeln alle rum. Das wird ja morgen wieder ein anstrengender Tag!"

Wägen Sie alles ab und bedenken Sie dabei: Sie können die Umstände nicht verändern, etwa das Wetter. Aber daran, wie Sie damit umgehen, können Sie etwas ändern.

Dieses Beispiel zeigt deutlich: Stress entsteht im Kopf. Je nachdem, mit welcher Einstellung Sie an die Sache heran gehen. Daher machen Sie sich bewusst: Sie können nicht beeinflussen, was alles passiert. Aber Sie können Ihre Reaktion darauf steuern. Es kann hilfreich sein, die Sicht auf die Dinge zu ändern.

„Gott, gib mir die Gelassenheit, Dinge hinzunehmen, die ich nicht ändern kann. Den Mut, Dinge zu ändern, die ich ändern kann. Und die Weisheit, das eine vom anderen zu unterscheiden."

Reinhold Niebuhr

Stressfalle Hausaufgaben – so geht es ohne Streit!

> Leon besucht die erste Klasse der Grundschule. Jeden Tag, wenn Leon seine Hausaufgaben machen soll, gibt es Streitigkeiten. Er will seine Hausaufgaben alleine machen, weil er möglichst schnell fertig sein möchte. Egal, was dabei herauskommt.
>
> Wenn seine Mutter ihm etwas erklären will, schimpft er, dass das falsch ist und seine Mutter es nicht richtig weiß. Die Situation spitzt sich von Tag zu Tag zu.
>
> Der Mutter ist es schon richtig bange, wenn sie an die Hausaufgaben denkt. Wenn etwas nicht gelingt, setzt sich Leon so sehr unter Druck, dass es täglich Tränen gibt. Schließlich fliegen fast täglich die Schulbücher durchs Wohnzimmer. Sie will ihm erklären, dass er Pausen machen soll. Doch das ist nicht möglich.

Solche Situationen müssen entzerrt werden. Wenn sich so etwas fast täglich wiederholt, tut das der Familie nicht gut. Dafür braucht man eine gehörige Portion Gelassenheit. Denn natürlich zerrt es an den Nerven, wenn sich täglich solche Szenarien abspielen.

Denn wenn wir genauer hinschauen, erkennen wir, dass es hier schon um wesentlich mehr geht als das Erledigen der Hausaufgaben. In diesem Beispiel geht es um Macht. Leon akzeptiert die Einwände seiner Mutter nicht und spricht ihr die Kompetenz ab. Er hat das Ziel, schnell fertig zu werden, da stören ihn die Kommentare seiner Mutter nur. Wenn Sie erkennen, dass es nicht mehr um die Sache geht und Ihr Kind testet, wer hier der Stärkere ist und wer den Streit gewinnt, sollten Sie erst einmal inne halten, kurz durchatmen und dann Ihrem Kind seine Grenzen aufzeigen.

! TIPP: KLARE REGELN FÜR DIE HAUSAUFGABEN

- Legen Sie fest, dass nach 20 Minuten Arbeiten 10 Minuten Pause gemacht werden.
- Wenn Tränen fließen oder jemand beginnt zu Schreien, gehen alle kurz vor die Tür.
- Sie können auch ein Codewort wie „Stopp" oder „Pause" vereinbaren. Wenn dieses Codewort genannt wird, wird eine kleine Unterbrechung eingelegt.
- Erklären Sie Ihrem Kind die Regeln im Vorfeld und setzen Sie sie konsequent um.

Solche Regeln sind sinnvoll und sorgen für einen achtsamen Umgang miteinander. Durch sie lernt Ihr Kind, dass es hilfreich ist, sich nicht noch weiter in der angespannten Situation aufzuhalten. Diese kurzfristig zu verlassen, bringt Entlastung. Ansonsten entsteht eine Stress-Spirale, die nicht mehr aufzuhalten ist.

Wenn täglich ein Konflikt wegen der Hausaufgaben ansteht, wird diese Situation negativ für alle Beteiligten belegt sein. Oftmals hat man dann im Vorfeld schon Angst und malt sich das gemeinsame Hausaufgaben machen in den schlimmsten Farben aus. Es wird zur lästigen Pflicht und das sollte auf keinen Fall so sein. Hausaufgaben können und sollen Spaß machen. Dies können Sie Ihrem Kind schon in der ersten Klasse näher bringen. Es wird seine Aufgaben dann mit einer viel höheren Motivation machen als wenn es dabei negative Gefühle hegt.

Entspannungsübungen für Kinder

Ihr Kind kann Gelassenheit durch Sie lernen. Machen Sie gemeinsam mit ihm Entspannungsübungen. Dadurch kommt es zur Ruhe und kann wieder Energie tanken. Dies funktioniert zum Beispiel auch gut, wenn es Stress bei den Hausaufgaben gibt.

ACHTSAMKEITS-ÜBUNG: GEHMEDITATION

Diese Übung ist ein wenig aktiv, legt den Fokus aber auf die achtsame Wahrnehmung. Dadurch kommt der Geist zur Ruhe.

1. Ziehen Sie die Schuhe aus. Machen Sie die Übung im Freien, auf Rasen, wenn Sie die Möglichkeit dazu haben. Aber auch im Zimmer erfüllt sie ihren Zweck.
2. Suchen Sie sich einen Anfangs- und einen Endpunkt und gehen Sie diese gemeinsam mit Ihrem Kind ganz langsam, in Zeitlupe auf und ab.
3. Halten Sie den Blick auf den Boden gerichtet, circa zwei Meter vor sich.
4. Lenken Sie Ihre volle Aufmerksamkeit auf ihre Füße. Nehmen Sie jeden Schritt bewusst wahr. Fragen Sie Ihr Kind:
   - *Was spürst du, wenn dein Fuß den Boden berührt?*
   - *Wie fühlt es sich an, wenn dein Fuß auf dem Boden abrollt?*
   - *Wie fühlen sich deine Zehen an?*
   - *Wie fühlen sich deine Fußsohle und dein Ballen an?*
5. Versuchen Sie an nichts anderes zu denken als an das, was Sie gerade spüren und wahrnehmen.

Nachdem sich die stressige Situation entspannt hat, sollten Sie auf jeden Fall noch einmal mit Ihrem Kind darüber sprechen. Lassen Sie zuerst etwas Zeit verstreichen, damit Ihr Kind zur Ruhe kommen kann. Sagen Sie Ihrem Kind, dass es Ihnen überhaupt nicht gefällt, wenn Sie bei den Hausaufgaben immer streiten. Erklären Sie ihm, dass es doch viel mehr Spaß macht, wenn sie gemeinsam daran arbeiten und danach noch etwas Schönes spielen. Bestärken Sie es auch, indem Sie ihm sagen, dass es die Hausaufgaben bestimmt schon alleine machen kann, Sie aber auf jeden Fall noch einen Blick darauf werfen wollen. Meistens haben die Kinder schon sehr viel Einsicht und Verständnis.

GEMEINSAM EINE GUTE LÖSUNG FINDEN

1. Greifen Sie abends, vor dem zu Bett gehen, die Situation noch einmal auf. Sprechen Sie in Ich-Botschaften (Kapitel „Fingerspitzengefühl und klare Botschaften") mit Ihrem Kind. *Wenn wir Hausaufgaben zusammen machen, finde ich das im Moment nicht schön. Ich bin ganz traurig, dass wir so viel streiten.*
2. Fragen Sie Ihr Kind, wie es ihm geht. *Wie empfindest du das?, Was macht dich so wütend?*
3. Überlegen Sie zusammen, wie Sie die Situation entzerren können. *Was können wir tun, damit wir nicht mehr streiten?, Wie können wir das ändern?*
4. Eine Möglichkeit können klare Regeln, Pausen oder Entspannungsübungen sein.

Goldene Regeln für mehr Besonnenheit – so reagieren Sie richtig!

Ruhig bleiben

Es gibt Situationen, in denen es schwer ist, seine Gefühle unter Kontrolle zu halten und die Ruhe zu bewahren. Es kommt immer mal wieder vor, dass uns durch Unachtsamkeit Verletzungen oder Schmerzen entstehen. Das kennen wir alle. Beim Toben mit den Kindern, beim ausgelassenen Spielen kann es schnell mal zu ungewollten Verletzungen kommen. Dann handeln wir spontan, unser Körper reagiert einfach. Wir wollen unserem Schmerz Luft machen, das ist völlig normal. Gerade wenn wir impulsiv sind, ist es gut, wenn unser Verstand dann schnell wieder die Oberhand gewinnt und wir ruhig und gelassen handeln.

Vater und Sohn toben auf der Wiese. Sie haben jede Menge Spaß. Lautes Lachen ist zu hören. Der Sohn hat jetzt richtig Lust, zu kämpfen. Er packt seinen Vater an der Schulter, versucht ihn umzuwerfen. Der hält dagegen, der Sohn fängt an zu schlagen. Der Vater hält dagegen. Der Sohn wird übermütig und schlägt seinen Vater ungewollt mitten ins Gesicht. Der Vater schreit auf. Er steht auf und setzt sich einige Meter abseits still ins Gras. Der Sohn ist aufgeregt und hadert. Er ist außer Rand und Band, doch der Vater ist ganz ruhig. Er macht ihm keine Vorwürfe. Wenige Minuten später sitzt der Sohn still neben seinem Vater und hält seine Hand. „Entschuldigung Papa, das wollte ich nicht." Der Vater nimmt ihn in den Arm: „Das weiß ich doch."

Wie hätte sich die Situation entwickelt, wenn der Vater anders reagiert hätte? Gelassenheit fällt manchmal schwer, zahlt sich jedoch aus!

Erzählen Sie Geschichten!

Um Kinder zu beruhigen, können Sie ihnen Geschichten erzählen. Wenn Sie kreativ sind, können Sie kleine Geschichten erfinden, in denen Erlebnisse Ihres Kindes vorkommen. Ihr Kind erkennt sich darin wieder und sie können spielerisch schwierige Themen ansprechen. Es gibt auch jede Menge toller Kinderbücher in denen Themen wie Freundschaft, Streit, Freude, alleine sein und vieles mehr einfühlsam beschrieben werden. Alternativ können Sie auch mit Ihrem Kind singen oder eine Fantasiereisen mit ihm machen. Die meisten Kinder lieben Fantasiereisen. Sie können sich voll und ganz darauf einlassen, in die Geschichten eintauchen und dadurch sehr gut entspannen. Es gibt wunderschöne Bücher mit Fantasiereisen für Kinder. Fantasiereisen zum Entspannen und Träumen, um Kreativität zu wecken, negative Erlebnisse zu verarbeiten oder neue Situationen zu erleben.

All dies lässt Ihr Kind achtsam und gelassen werden. Es erlebt einen schönen, ruhigen, entspannten Moment mit Ihnen und genießt Ihre volle Aufmerksamkeit. Dadurch fühlt es sich wertgeschätzt und dies steigert sein Selbstbewusstsein.

ZWEI WÖLFE

Ein alter Indianerhäuptling saß mit seinem Enkel am Lagerfeuer. Es war schon dunkel und das Feuer knackte, während die Flammen in den Himmel züngelten.

Der alte weise Häuptling sagte nach einer Weile des Schweigens: „Manchmal ist es, als ob zwei Wölfe in meinem Herzen miteinander kämpfen. Einer der beiden ist wütend und aggressiv. Der andere hingegen ist sanft und gutmütig."

„Welcher der beiden wird den Kampf um dein Herz gewinnen?" fragte der Junge.

„Ganz einfach: der Wolf, den ich am meisten füttere", antwortete der Alte.

(Verfasser unbekannt)

Die Geschichte zeigt eindrücklich, wie wichtig die eigene Einstellung und Haltung ist. Je nachdem wie wir Situationen bewerten, positiv oder negativ, steigern wir unser Stresslevel oder unseren Gelassenheitsfaktor.

Hier zeige ich Ihnen eine schöne Entspannungstechnik um nach einem anstrengenden Tag abschalten zu können. Sie können gemeinsam mit Ihrem Kind die negativen Gedanken loswerden und sie auf eine weite Reise schicken. Sobald Kinder mit dem Ablauf vertraut sind, lassen sie sich voll darauf ein und entwickeln viel Kreativität. Sie können Ihr Kind ja nach der Entspannung einmal bitten, Ihnen zu erzählen wie sein Koffer aussah und wo es ihn hin geschickt hat. Sie werden sich wundern.

Den Ärger wegschicken

Diese Achtsamkeits-Übung hilft, wenn der Stresspegel hoch ist und alle sehr angespannt sind. Man kann sie mitten am Tag machen und danach wird sich der Rest des Tages für alle deutlich leichter anfühlen. Wenn alle maulen und motzen, lassen Sie einfach alles stehen und liegen, setzen sich gemeinsam aufs Sofa und „schicken den Ärger weg“.

ACHTSAMKEITS-ÜBUNG: ICH PACKE MEINEN KOFFER

Setzen Sie sich gemütlich mit Ihrem Kind hin und schließen Sie die Augen. Leiten Sie Ihr Kind durch die Übung.

1. *Spüre, wie dein Po, deine Beine, dein Rücken den Boden oder die Sitzfläche berühren.*
2. *Konzentriere dich auf deinen Atem. Atme tief ein und aus. Spüre, wie sich dein Brustkorb/Bauch hebt und senkt.*
3. *Hör in dich hinein. Was beschäftigt dich heute? Was liegt dir im Magen? Worüber ärgerst du dich?*
4. *Alles was dich ärgert verpacken wir jetzt. Worin willst du es verpacken? Das kann eine alte Dose, Schuhschachtel, Geschenkpapier oder eine Mülltüte sein.*
5. *Pack es darin gut ein und dann steckst du es in deinen Koffer. Wie sieht dein Koffer aus?*
6. *Danach verschließt du den Koffer, ganz fest und schickst ihn auf die Reise. Wohin soll der Koffer reisen? Reist er mit Bus, Bahn, Schiff, Flugzeug? Wo soll er landen?*
7. *Genieße, dass der Koffer ganz weit weg von dir ist und dich nicht mehr ärgert. Das unnötige Gepäck ist entsorgt, es ist fort.*
8. *Atme drei Mal tief ein und aus und öffne die Augen.*
9. *Wie geht es dir?*

WENN SICH GEFÜHLE ZEIGEN

Eltern freuen sich, wenn ihre Kinder lachen und fröhlich sind. Viel schwieriger ist es jedoch, auch Gefühle wie Wut und Angst zu akzeptieren und mit ihnen umzugehen. Doch jedes Gefühl ist wichtig und wert, in gleichem Maße beachtet zu werden.

Kinder sind impulsiver als Erwachsene

Kinder haben die gleichen Gefühle wie Erwachsene. Sie leben sie nur wesentlich impulsiver und extrovertierter aus. Sie halten mit ihren Gefühlen nicht hinter dem Berg. Wenn es ihnen gut geht lachen, singen, jauchzen, tanzen, jubeln, hüpfen oder plaudern sie. Wenn es ihnen schlecht geht, weinen, schreien, trauern, jammern oder leiden sie. Sie leben im Moment und das merken wir Eltern deutlich. Manchmal werden Kinder einfach von starken Gefühlen überwältigt und beherrscht.

Ich habe Kinder zwischen 3 und 7 Jahren gefragt: Wie fühlst du dich? Das alles haben sie geantwortet.

- mutig
- fröhlich
- aufgeregt
- freudig
- ängstlich
- lustig
- wütend
- gechillt
- enttäuscht
- geliebt
- traurig
- gespannt
- locker
- müde
- beleidigt

Sie sehen, wie aufmerksam Kinder durchs Leben gehen und wie achtsam sie Gefühle wahrnehmen. Die Kinder konnten genau benennen, wie positive und negative Erlebnisse auf sie wirken und wie sie sich auf ihre Stimmung auswirken. Es gibt so viele unterschiedliche Gefühle. Manche sind neu für Kinder, diese müssen sie zuerst kennenlernen und dann üben mit ihnen umzugehen. Um dies zu lernen, ist es wichtig, dass Kinder ihre Gefühle leben dürfen. Erwachsene haben gelernt, ihre Gefühle zu beherrschen und zu kontrollieren. Deshalb fällt es uns auch manchmal so schwer, mit den ungefilterten Emotionen unserer Kinder umzugehen.

Jasmin hat ihre Kindergartenfreundin Marie eingeladen. Die beiden spielen im Sandkasten und backen Kuchen. Die Mütter sitzen entspannt mit einer Tasse Kaffee im Garten und plaudern. Plötzlich hören sie Geschrei. Sie schauen zum Sandkasten und sehen noch wie Jasmin Marie einen Sandkuchen über den Kopf schüttet. Marie weint und schreit: „Mama! Meine Augen. Ich kann nichts mehr sehen."

Die Mütter gehen zum Sandkasten und versuchen zu erfahren, was passiert ist. Jasmin antwortet: „Das geschieht Marie recht. Sie ist eine doofe Kuh. Sie hat zweimal meinen Kuchen kaputt gemacht. Ich kann sie nicht mehr leiden."

Jasmins Mutter versucht, auf sie einzureden: „Das macht man doch nicht. Marie ist doch deine Freundin. Entschuldige dich sofort bei ihr. Wenn du dich so verhältst, will sie nicht mehr mit dir spielen."

Es ist klar: Jasmins Mutter hat ein Problem mit dem Verhalten ihrer Tochter. Sie findet es nicht gut, schämt sich vielleicht sogar. Was hat Jasmin gemacht? Sie hat in diesem Moment ihre Gefühle ausgelebt. Sie hat sich geärgert, und das bekommt Marie zu spüren. Die Reaktion von Jasmins Mutter hätte auch anders ausfallen können. Sie hätte einfühlsamer und respektvoller mit Ihrer Tochter sprechen können: „Jasmin, Marie hat deinen Kuchen bestimmt nicht absichtlich kaputt gemacht. Ich verstehe, dass du dich ärgerst. Marie hat jetzt ganz viel Sand in den Augen. Wollen wir uns bei ihr entschuldigen und gemeinsam einen neuen Kuchen backen?“ Das hätte die Situation deutlich entspannt. Manchmal können Eltern die Reaktion ihres Kindes nicht nachvollziehen. Kinder können in solchen Momenten jedoch noch nicht anders reagieren. Sie müssen dies zuerst lernen.

„Ein Gefühl ist ein Engagement, das den Augenblick überschreitet.“

Simone de Beauvoir

Alle Gefühle sind richtig und dürfen gezeigt werden

Es ist wichtig, dass Kinder ihre Gefühle leben und nicht unterdrücken oder zurückhalten. Auch wenn Sie als Eltern nicht immer sofort erkennen, was Ihr Kind belastet oder es eher als Bagatelle abtun würden, Kinder leben in der Gegenwart und deshalb ist diese Situation jetzt auch gerade so schlimm für sie.

Justus wird von seinem Vater nach der Schule abgeholt. Sein Vater fragt ihn, wie der Tag heute war. Justus antwortet sehr einsilbig. „Was war denn los?“ fragt sein Vater. Da bricht es aus Justus heraus: „Diese blöde Lehrerin. Sie ist so ungerecht. Ich habe heute keinen Stempel bekommen, obwohl ich als Erster fertig war“. Justus ist so wütend darüber, dass ihm sogar die Tränen kommen.

Sein Vater kann das Verhalten von Justus nicht nachvollziehen. „Das ist doch nicht so schlimm. Es geht doch nur um einen Stempel. Dann fragst du sie morgen halt nach dem Stempel.“ Justus macht die Aussage seines Vaters noch wütender: „Du hast gar keine Ahnung. Morgen geht das nicht mehr. Stempel gibt es nur heute.“ Jetzt weint er noch mehr.

Aus der Sicht eines Erwachsenen hat ein nicht vorhandener Stempel keine so große Bedeutung. Für das Kind jedoch bricht eine Welt zusammen. Im Beispiel von Justus hat er wahrscheinlich konzentriert und zügig gearbeitet, um als Erster fertig zu sein. Er hat sich angestrengt und erwartet dafür eine Belohnung. Jetzt fühlt er sich nicht wertgeschätzt und seine Leistung wird anscheinend nicht anerkannt. Das macht ihn traurig. Sein Vater hätte mehr auf die Bedürfnisse von Justus eingehen können. Er hätte ihn für seine Schnelligkeit loben oder ihm sagen können, dass er ein toller Schüler ist und dass er stolz auf ihn ist.

Auch wenn Eltern die Reaktion ihres Kindes nicht immer nachvollziehen können, sollten Sie die Gefühle ihrer Kinder nicht abschwächen oder klein reden.

Gefühle ernst nehmen

Wenn Kinder sich verletzen, sagt man schnell mal: „Das ist doch nicht schlimm, hör auf zu weinen. Das wird gleich wieder besser." Auch wenn Kinder ängstlich sind und sich nicht trauen, versuchen wir sie zu überzeugen: „Du brauchst doch keine Angst zu haben. Es gibt doch keinen Grund dafür." Solche Aussagen machen wir fast ausschließlich bei negativen Gefühlen unserer Kinder. Deshalb kann im Laufe der Zeit der Eindruck beim Kind entstehen, dass bestimmte Gefühle nicht erwünscht sind. Es wird sein Verhalten anpassen und negative Gefühle nicht mehr zeigen.

Das tut Kindern – und auch Erwachsenen – auf Dauer nicht gut. Denn niemand kann ständig der Strahlemann oder die Strahlefrau sein, immer gut gelaunt und fröhlich. Nein, auch Trauer, Wut und Angst gehören zu uns und dürfen, ja müssen, gezeigt werden.

Tim ist traurig. Seine Mutter wollte am Nachmittag mit ihm zu seinem besten Kindergartenfreund fahren. Gestern war noch alles klar, jetzt erhält sie gerade eine SMS, aus der hervorgeht, dass das Treffen ausfallen muss, weil die Familie einen lange vereinbarten Termin vergessen hat.

Als Tim das erfährt, tickt er völlig aus. Er schreit, rennt in sein Zimmer und verkriecht sich unter dem Bett. Die Mutter kann den Frust verstehen und schenkt Tim das lang ersehnte Spiel, das eigentlich für seinen bevorstehenden Geburtstag gekauft wurde. Doch die Reaktion von Tim fällt gänzlich anders aus, als es sich seine Mutter ausgemalt hat. Als er das Spiel in der Hand hält, wirft er es zu Boden und sagt: „Ich will das blöde Spiel nicht, ich will zu meinem Freund!"

Was ist passiert? Tims Mutter kann es nicht ertragen, ihr Kind traurig zu sehen. Sie möchte ihm seine Enttäuschung gerne versüßen und versucht ihn zu trösten, indem sie ihm ein Geschenk macht. Doch das ist offensichtlich der falsche Weg. Tim ist völlig zurecht enttäuscht. Er hat sich so auf das Treffen mit seinem Freund gefreut. Diese Enttäuschung muss er erstmal verarbeiten, und dazu muss er ihr Ausdruck verleihen dürfen. Tims Mutter hätte akzeptieren sollen, dass Tim traurig ist und sich unter seinem Bett verkriecht. Danach hätte sie mit ihm darüber reden und ihn trösten können.

Ablenkung ist keine Lösung

Anstatt etwas zu schenken, versuchen Eltern auch manchmal, ihr Kind irgendwie abzulenken, wenn es traurig oder wütend ist. Aber auch solche Ablenkungsmanöver sollte man besser lassen, denn sie zeigen dem Kind nicht: „Deine Gefühle sind wichtig". Eltern lassen es in diesem Moment mit seinen Emotionen alleine und lenken nur den Fokus ihres Kindes auf etwas anderes. Oft auch deshalb, weil sie es selbst nicht so gut aushalten, ihr Kind traurig oder enttäuscht zu sehen. Doch gerade das ist wichtig für Ihr Kind. In diesen Momenten lernt es seine Gefühle kennen und sie einzuordnen. Es merkt, dass es ernst genommen wird und es in Ordnung ist, wenn es traurig oder ängstlich ist. Es muss sich nicht verstellen und lernt authentisch zu sein. Nur so kann es seine Gefühle spüren und zu ihnen stehen. Kinder haben noch wenig Erfahrung mit Gefühlen und sind verunsichert, wenn heftige Wut, Angst oder Trauer aus ihnen heraus bricht. Sie wissen noch nicht, wie sie damit umgehen sollen. Deshalb ist es wichtig, Ihr Kind durch den Gefühlsdschungel zu begleiten. Seien Sie für Ihr Kind da, hören Sie ihm zu und zeigen Sie Verständnis. Wenn es seinen Gefühlen freien Lauf lässt, hilft ihm dies, das Erlebte zu verarbeiten. Nur so wird es lernen, seine Gefühle selbst ernst zu nehmen und achtsam mit sich umzugehen.

ACHTSAM DURCH DEN GEFÜHLSDSCHUNGEL BEGLEITEN

Wut, Freude, Angst, Neid – Kinder erleben das jeden Tag, und zwar meist viel intensiver und häufiger als wir Erwachsenen. Manchmal taumeln sie geradezu von einem Gefühl ins andere, manchmal beherrscht sie ein Gefühl so ganz, dass sie „außer sich" sind.

In den nächsten Kapiteln werde ich unterschiedliche Gefühle näher beleuchten und Ihnen Übungen zeigen, wie Sie Ihr Kind durch die Gefühlslagen begleiten können, es stärken und unterstützen können. Besonders in Momenten, in denen Sie als Eltern das Gefühl haben, gar nicht mehr an Ihr Kind „ranzukommen", hilft es, sich über die vielen Emotionen und Stimmungen bei Kindern Gedanken zu machen.

Wut ist ein starkes Gefühl

Eines der stärksten Gefühle bei uns Menschen ist die Wut. Für Kinder erst recht, denn sie müssen noch lernen, mit diesem großen Gefühl umzugehen. Sie ärgern sich über etwas und schon bricht es aus ihnen heraus. Sie schreien, strampeln, toben oder schlagen und treten auch manchmal. Diese Reaktionen sind völlig normal. Aber auch wenn wir Eltern das wissen, stellt uns doch der Umgang mit der Wut unserer Kinder immer wieder auf die Probe.

Wenn der Wut-Speicher voll ist

„In der Wut verliert der Mensch seine Intelligenz."

Dalai Lama

Stellen Sie sich vor, Sie oder Ihr Kind haben nur eine gewisse Speicherkapazität um Situationen, die sie ärgern, zu verarbeiten. Einer hat 40 Megabyte, ein anderer 100 Megabyte, das ist ganz individuell, je nach Charakter und Temperament Ihres Kindes. Wenn die Speicherkapazität erreicht ist, geht nichts mehr. Passiert dann noch eine Kleinigkeit, explodiert der Speicher. Diese Explosion gleicht einem Vulkanausbruch, Ihr Kind verliert die Kontrolle und rastet aus. Manchmal braucht es Tage, um den Speicher zu füllen, und ein anderes Mal hat eine Situation so viel Ärgerpotenzial, dass der gesamte Speicher innerhalb von Sekunden voll ist. Das kennen Sie sicherlich aus eigener Erfahrung.

Der Unterschied ist: Sie können frühzeitig erkennen, wenn Ihre Speicherkapazität dem Ende zu geht und können gegensteuern. Ihr Kind kann das noch nicht.

Ein Nachmittag in der Kita. Die Kinder spielen ausgelassen in der Turnhalle. Sie fangen sich gegenseitig. Felix wird ständig von den anderen Kindern geärgert. Er ist oft der Fänger, sie stellen ihm ein Bein, schubsen ihn und verstecken sich vor ihm. Es sind nur Kleinigkeiten, aber er ist zunehmend frustriert.

Als er Maja gefangen, sagt diese, dass das nicht stimmt und alle anderen Kinder unterstützen sie. Jetzt reicht es Felix. Er schreit: „Ihr Blödmänner, mit euch will ich nicht mehr spielen. Lasst mich in Ruhe." Er rennt weg, gibt der Bank noch einen Tritt und versteckt sich auf der Toilette.

Felix Wut-Speicher war voll und er musste seinem Ärger einfach Luft machen. Kleine Kinder haben noch nicht die Mittel, in solchen Situationen ruhig zu reagieren. Felix reagiert aus seinem Urzeitprogramm. Er kämpft zuerst, indem er seinem Ärger mit Worten Luft macht und dann flüchtet er, weil er merkt, dass er gegen die Gruppe keine Chance hat.

Wutball und Wut-Bär – zwei Helfer im Familienleben

In der Kita würde die Erzieherin versuchen, eine gute Lösung für alle Kinder herbeizuführen. Eine gute Möglichkeit, die man auch zuhause nutzen kann, wenn Ihr Kind einen Wutanfall hat, ist der Wut-Ball. Wenn Kinder den Wut-Ball nach einer Weile schon kennen, hilft er auch schon im Vorfeld, den Wutausbruch zu mildern oder sogar zu berrschen.

! ANTI-STRESS-TIPP: DER WUTBALL

Besorgen Sie sich einen Anti-Stress-Ball. Es gibt sie in jedem Spielzeugladen. Das sind kleine Bälle aus Gummi, gefüllt mit Sand oder Mehl. Sie können sie auch selbst basteln.

Erklären Sie Ihrem Kind, dass das jetzt der Familien-Wut-Ball ist. Immer wenn jemand wütend ist, darf er diesen Ball nehmen und so fest er kann, auf den Boden werfen. Ein paar Mal mindestens. Mit dem Ball kann man nämlich seine Wut wegwerfen.

Wenn wieder mal ein Wutausbruch Ihres Kindes droht, geben Sie ihm den Wutball und es kann seine Wut herauslassen. Es soll ihn so oft und so fest es mag auf den Boden werfen. Dabei verraucht seine Wut. Das tut richtig gut.

Meist sind solche Wutausbrüche auch mit verbalen Entgleisungen verbunden. Bei uns gibt es bestimmte Kraftausdrücke, die wir nicht hören wollen. Mag die Wut noch so groß sein. Natürlich passiert es immer wieder, dass unser Sohn diese Wörter benutzt, wenn er wütend ist. Deshalb haben wir ein Spiel eingeführt.

ANTI-STRESS-TIPP: DER WUT-BÄR

!

Wenn Ihr Kind so richtig wütend und sauer ist, darf es sich sein schlimmstes Schimpfwort überlegen. Dann bekommt es von Ihnen den Auftrag, dieses Schimpfwort zwanzigmal ganz laut in einem geschlossenen Raum zu sagen.

Es kann beispielsweise in sein Zimmer gehen oder in den Keller. Es soll die Tür schließen und das Schimpfwort so laut schreien, wie es nur kann.

Kindern macht das sehr viel Spaß. Sie können ihren Emotionen Luft machen und haben die Erlaubnis verbotene Wörter sagen. Außerdem zeigt es Ihnen, dass es in Ordnung ist, seine Wut loszuwerden.

Um gut mit seiner Wut umzugehen, braucht es immer etwas Abstand, Ruhe und das Wissen, wie man es machen kann. „Darüber schlafen“ hilft, das kennen Sie von sich selbst. Wenn Sie sich so rich tig ärgern, können Sie auch nicht souverän reagieren. Aber wenn Sie herausgefunden haben, was Ihnen hilft, um wieder „runterzukommen“, geht es Ihnen besser. Mit Kindern ist es genauso. Sie brauchen Vorbilder und Übung, um ihre Wut einzuordnen und zu steuern. Nach und nach entwickeln sie dann ihre ganz persönliche Strategie, wie sie mit ihrer Wut gelassen umgehen können.

Ärger äußern, ohne zu verletzen – die WWW-Methode

Kinder können von Ihnen lernen ihre Wut verbal zu äußern, ohne diese kleinzureden oder abzuschwächen. Dafür gibt es eine schöne Methode. Versuchen Sie es selbst! Sie werden sehen, dass es damit leichter fällt, den eigenen Ärger und die Wut in Worte zu fassen, ohne das Gegenüber zu verletzen. Altersentsprechend können Sie die WWW-Methode auch mit ihren Kindern ausprobieren. Die drei W stehen für: meine Wahrnehmung, die Wirkung des Geschehenen auf mich und meine Wünsche.

ACHTSAMKEITS-ÜBUNG: WWW

Wahrnehmung

- *Was beobachte ich? Was fällt mir auf?*
- Versuchen Sie, Ihre Wahrnehmung so sachlich wie möglich zu beschreiben.

Wirkung

- *Wie wirkt es auf mich? Wie deute ich es?*
- Hier beschreiben Sie die subjektive Wirkung auf sich.

Wunsch

- *Was würde ich mir wünschen? Was könnten wir gemeinsam verändern?*
- Sie schlagen Lösungsmöglichkeiten, Wünsche und Erwartungen vor.

Wenn es Ihnen gelingt, Dinge, die Sie ärgern, nach dieser Methode anzusprechen, finden Sie bestimmt eine tragfähige gemeinsame Lösung. Sie äußern klar, was Sie stört und geben dem Gegenüber die Möglichkeit, sich zu äußern, ohne sich sofort rechtfertigen zu müssen.

Sie haben sich über eine Erzieherin geärgert. Zum wiederholten Mal stellen Sie fest, dass Ihre Tochter keine Mütze trägt, wenn die Kinder im Winter draußen spielen. Nach oben genannter Methode könnten Sie das Thema zum Beispiel so ansprechen:

1. *Mir ist aufgefallen, dass Tabea am Montag, am Mittwoch und heute keine Mütze beim Waldspaziergang getragen hat.*
2. *Ich mache mir Sorgen, dass meine Tochter krank wird und ärgere mich darüber, dass darauf nicht geachtet wird. Deshalb ist es mir wichtig, darüber zu sprechen.*
3. *Ich würde mir wünschen, dass Sie künftig besser darauf achten.*

Diese Art der Kommunikation wird Ihnen vielleicht ungewohnt erscheinen. Doch wenn Sie sie konsequent anwenden, wird sie sich in Ihrem Sprachgebrauch verfestigen. Gleichzeitig wird sich Ihr Kind von Ihnen abschauen, wie es seinen Ärger angemessen ausdrücken kann.

Freude genießen

„Man muss immer etwas haben, worauf man sich freut."

Eduard Mörike

So wie Wut ein sehr starkes Gefühl ist, erleben Kinder Freude auf eine unbändige und freie Weise. Jetzt werden Sie sich vielleicht fragen, warum in diesem Buch etwas über das Gefühl Freude steht. Alle Kinder können sich freuen. Ja, das ist richtig. Grundsätzlich können das alle Kinder. Gerade wenn Sie mit anderen Kindern oder mit Ihnen spielen, lachen Kinder so unbändig, wie nur Kinder lachen können. Sie jauchzen und toben und haben Spaß pur. So soll es sein. Es gibt nichts Schöneres, als ein ehrliches Kinderlachen mit leuchtenden Augen.

Negative Glaubenssätze belasten

Unterstützen Sie Ihr Kind dabei, dass es die Fähigkeit, sich unbändig zu freuen, ein Leben lang behält, denn viele Erwachsene haben sich das Freuen sozusagen „abgewöhnt“.

Viele Menschen verlieren dieses tiefe Gefühl im Laufe eines Lebens. Das hat mit Glaubenssätzen zu tun, nach denen wir leben. Diese sind sehr individuell und wurden durch Eltern, Familie, Erzieher, Lehrer und unser gesamtes soziales Umfeld geprägt. Es gibt negative und positive Glaubensätze. Die negativen schränken uns ein und die positiven stärken uns. In der Kindheit erhält jedes Kind viele unterschiedliche Botschaften. Einige dieser Botschaften verinnerlichen wir so sehr, dass sie sich zu Glaubenssätzen entwickeln.

Hier einige Beispiele für negative Glaubenssätze, die die Lebensfreude und das Selbstbewusstsein Ihres Kindes sabotieren können:

- Das kannst du nicht schaffen!
- Freu dich nicht zu früh!
- Das wird sowieso nichts!
- Noch lachst du!
- Du bist ein richtiger Pechvogel!
- Die anderen sind besser als du!
- Halte dich zurück, das stört die anderen!
- Streng dich endlich mal an!
- Ich weiß nicht, ob das so eine gute Idee ist!
- Sei schön nett und brav, sonst mögen dich die anderen nicht!

Kein Elternteil oder Vorbild spricht solche Sätze aus, um sein Kind „kleinzumachen“. Eltern treffen diese Aussagen oft unbewusst, vielleicht sogar, um ihr Kind vor etwas zu bewahren, ihm eine Enttäuschung zu ersparen oder es einfach in seine Schranken zu verweisen. Manchmal ist die Kindererziehung anstrengend, wir wissen uns einfach nicht mehr zu helfen und sagen solche Sachen, um Diskussionen zu beenden. Das ist normal und passiert allen Eltern. Sie sollten jedoch darauf achten, dass Sie solche Sätze nicht zu oft sagen und Ihr Kind dadurch nicht seine kindliche Freude verliert.

Jonathan freut sich schon sehr auf das Kindergartenfest. Es soll mit dem gemeinsamen Mittagessen beginnen.

Vor lauter Aufregung konnte Jonathan nicht gut schlafen und ist bereits um sechs Uhr morgens putzmunter. Im Minutentakt fragt er, wann endlich das Fest beginnt und sie sich auf den Weg machen.

Die Eltern sind genervt, dass er ohne Punkt und Komma redet und bereits vor dem Frühstück so viel Unruhe herrscht. Sie wollen, dass Jonathan sich beruhigt und ermahnen ihren Sohn: „Gib jetzt endlich mal Ruhe. Wenn du weiter so viel redest und rumhampelst, kannst du das Fest nicht genießen, weil du viel zu müde bist. Das wird dann kein schönes Fest!"

Jonathan schaut erst erschrocken, dann beginnt er zu weinen. „Warum wird das kein schönes Fest?" Die Eltern sind von der heftigen Reaktion ihres Sohnes überrascht und schütteln den Kopf.

Was ist passiert? Jonathan ist aufgeregt und deshalb redet er ohne Punkt und Komma. Seinen Eltern ist dies am Morgen zu viel und sie wollen einfach Ruhe haben. Die leere Drohung ist nicht so gemeint, wie sie klingt, aber sie nimmt Jonathan verständlicherweise die Vorfreude. Das wollten seine Eltern natürlich nicht.

Das Beispiel zeigt, wie schnell Eltern manche Dinge sagen und wie sie bei Kindern zu ganz anderen Auswirkungen führen, als man sich das vorstellt. Das ist das in Kapitel „Wie hast du das gemeint?" beschriebene Problem zwischen Sender und Empfänger. Eine Möglichkeit wäre gewesen, das Kind einfach abzulenken und zu beschäftigen: „Jonathan, wir bereiten zusammen das Frühstück vor. Fährst du mit mir zum Bäcker und suchst für uns die Brötchen aus?"

Mehr Spaß am Leben

Genau wie beim Gefühl Wut kann ein Kind aus bestimmten Botschaften auch lernen, dass es nicht erwünscht ist oder nicht gut ankommt, wenn ich mich freue, lache und Spaß habe. Deshalb nimmt es sich zurück und lebt dieses Gefühl nicht und das wäre sehr schade.

Sie kennen bestimmt Erwachsene, die stocksteif und ohne Humor durchs Leben gehen. Irgendwann einmal haben sie gelernt, dass es besser ankommt, wenn sie sich „korrekt" verhalten oder es peinlich ist, sich lächerlich zu machen. Doch gerade diese kindliche Freude tut auch Erwachsenen noch gut. Wenn Sie mit Freunden zusammen sitzen, lachen, plaudern, einfach nur Spaß haben, nicht groß nachdenken, Ihren Gefühlen freien Lauf lassen und mit sich und der Welt zufrieden sind, fühlen Sie sich wohl, sind humorvoll, spontan, witzig oder einfach im Flow. Dieser Zustand ist ein sehr angenehmer Zustand und hilft uns, vieles leicht zu nehmen. Im Alltag nutzen auch Menschen diese Fähigkeit, wenn es brenzlig wird. Bricht plötzlich eine hitzige Diskussion aus, wirft ein Beteiligter einen humorvollen Spruch ein, alle lachen und die Lage ist wieder entspannt. Es ist wichtig, sich die kindliche Freude und den Humor zu bewahren. Dies können Sie am besten, wenn Sie mit Ihren Kindern lachen und humorvolle Augenblicke erleben.

An goldenen Oktobertagen, wenn die bunten Blätter fallen, machen wir oft Waldspaziergänge. Unsere Lieblingsbeschäftigung ist es dann, eine Blätterschlacht zu machen. Es bereitet meinem Sohn und mir eine diebische Freude, uns mit Laub zu bewerfen, uns in die Blätter zu legen und in den Himmel zu schauen. Letzten Herbst lief ein älteres Ehepaar an uns vorbei, beobachtete uns eine Weile mit kritischem Gesichtsausdruck und sagte dann: „Sie haben aber eine Menge Spaß." Darauf antwortete ich: „Ja, sehr viel Spaß!" und unser Sohn: „Das ist supertoll, das machen wir immer im Herbst!"

Sie sehen, gerade die einfachen Dinge bereiten uns sehr viel Freude. Wenn Sie diese gemeinsam mit Ihrem Kind leben, werden auch Sie wieder lernen, Kind zu sein. Wir nehmen uns oft zurück, haben Angst negativ aufzufallen und unterdrücken dann die kindliche Freude in uns. „Das macht man doch nicht. Was denken die anderen über mich.“ Durch diese Denkweisen schränken wir uns ein und wir verlieren unsere Freude. Es ist nicht wichtig, was die anderen über einen denken. Ihr Kind soll lernen, dass es wichtig, richtig und gut ist, Spaß zu haben. Es wird durch Sie als Vorbild gestärkt und in anderen Situationen selbstbewusst handeln können, auch wenn sich andere vielleicht darüber lustig machen. Wichtig ist, dass es Ihrem Kind gut geht, egal was andere darüber denken!

ACHTSAMKEITS-ÜBUNG: WAS MACHT MIR/UNS SPASS?

Manche Menschen haben den Zugang zu ihrer Freude, ihrem Humor verloren, da sie immer tun, was von ihnen erwartet wird. Sie sagen dann so Sätze wie „Das geht doch nicht. Was denken die anderen dann über mich“. Wenn Sie jedoch im „Freu-dich-Zustand“ sind, ist Ihnen das völlig egal. Sie tun einfach, was Ihnen Spaß macht. Um wieder zu sich und seinen persönlichen Quellen der Freude zu finden, nehmen Sie sich etwas Zeit und Papier und Stift.

Denken Sie darüber nach, was Sie immer schon mal gerne getan hätten.

- *Was macht Ihnen richtig Spaß?*
- *Was würden Sie machen, wenn Sie tun könnten, was Sie wollen?*
- *Was finden Sie spannend?*
- *Worüber lachen Sie?*

Hören Sie gut in sich hinein, Sie kennen Ihre Wünsche.

Vorsicht: Der Moralapostel in Ihnen wird die Wünsche sofort einschränken mit Aussagen wie:

- *„Dafür hast du keine Zeit! Das ist doch kindisch!“*
- *„Das kostet zu viel Geld!“*

Ignorieren Sie ihn einfach. Ihrem Kind würden solche Bedenken auch nicht einfallen.

Machen Sie sich Ihre eigene Wunschliste und hören Sie auf das, was Ihnen einfällt! Ziel ist es, mindestens 20 Wünsche auf dieser Liste zu haben, kleine und große Wünsche. Egal wie verrückt Ihre Wünsche auch sein mögen. Setzen Sie Ihre Energie dafür ein, sie umzusetzen.

Sie können diese Liste auch gut gemeinsam mit Ihrem Kind machen. Dann entwickeln Sie gleichzeitig eine kleine Liste mit Aktionen, die ihrer Familie Freude bereiten.

So stärken Sie schüchterne Kinder!

„Das Gesetz der Zurückhaltung ist bestimmt,
durch das Recht der Herzlichkeit durchbrochen zu werden."

Albert Schweitzer

Bea steht mit Ihrer vierjährigen Tochter im Supermarkt an der Fleischtheke. Nachdem sie den Einkauf erledigt haben, fragt die Verkäuferin das Mädchen, ob sie ein Stück Fleischwurst haben möchte. Die Tochter versteckt sich hinter Mamas Beinen, umklammert diese fest und sagt kein Wort. Bea dreht sich um und sagt zu ihr: „Du, die Verkäuferin hat dich etwas gefragt."

Das Mädchen bleibt stumm und kriecht fast in die Mutter hinein. Nachdem die beiden den Laden verlassen haben und im Auto sitzen, ist Ihre Tochter ganz betrübt. Bea fragt sie, was denn los ist.

„Ich wollte so gerne ein Stück Fleischwurst haben."

„Und warum hast du das nicht gesagt?" fragt die Mutter, obwohl sie die Antwort natürlich kennt.

„Ich habe mich nicht getraut. Ich kenne die Frau doch gar nicht", antwortet das Mädchen.

Solche Situationen erleben Eltern mit schüchternen Kindern häufig. Das Kind traut sich nicht, auf Fremde zuzugehen oder mit ihnen zu sprechen. Schüchterne Menschen fühlen sich im Umgang mit anderen, die ihnen nicht nahestehen, tendenziell unwohl, manchmal sogar furchtsam. Ob Ihr Kind eher schüchtern oder aufgeschlossen ist, liegt am Charakter, am Temperament Ihres Kindes und zum Teil auch am Erziehungsstil.

Grundsätzlich gibt es introvertierte und extrovertierte Menschen. Introvertierte Menschen sind eher schüchtern, extrovertierten Menschen hingegen fällt es leicht, mit anderen Menschen – auch solchen, die sie noch nicht kennen – umzugehen. Dazwischen gibt es selbstverständlich unzählige Facetten.

INTROVERTIERTE UND EXTROVERTIERTE MENSCHEN

Introvertierte Menschen richten ihre Energie nach innen. Sie ziehen sich gerne zurück und hören lieber zu, statt selbst zu reden. Sie wirken eher zurückhaltend, verschlossen, ruhig, schüchtern und schweigsam.

Extrovertierte Menschen richten ihre Energie nach außen. Sie sind aktiv, kontaktfreudig, gesellig und haben einen starken Willen zum Handeln und Gestalten. Sie können energisch und bestimmt auftreten und neigen zur Selbstdarstellung.

Auch Sie als Eltern sind in- oder extrovertiert geprägt. Ihr Kind schaut sich natürlich einen Teil seines Verhaltens bei Ihnen ab.

Trau-dich-was-Übungen im Alltag

Wenn ihr Kind eher schüchtern ist, sollten Sie immer im Hinterkopf haben, dass Veränderungen für das Kind Stress bedeuten. Der erste Besuch in der Kita, der Schulanfang, der Schwimmkurs – immer wenn es darum geht, Neues zu erleben, neue Menschen kennenzulernen, sich an eine neue Umgebung zu gewöhnen, wird es diese Situation als bedrohlich empfinden. Es fühlt sich nicht sicher und besitzt nicht genügend Selbstvertrauen, um selbstbewusst mit solchen Situationen umzugehen.

Timo ist mit seinen Eltern in eine neue Stadt gezogen. Sie haben ein Haus in einem Neubaugebiet gekauft. Dort leben viele Familien mit Kindern, so dass es immer jemanden gibt, der im Freien spielt. Die Kinder fahren Fahrrad, malen mit Kreide oder spielen Ball.

Timo sitzt in seinem Zimmer am Fenster und schaut zu. Er möchte partout nicht rausgehen. Er will auch nicht – wie seine Mutter vorschlägt – fragen, ob er mitspielen kann.

Ein paar Tage später treffen Timo und seine Mutter die Nachbarsfamilie beim Einkauf. Timos Mutter spricht die Eltern an: „Sie wohnen doch im Fasanenring. Wir sind dort letzte Woche eingezogen. Wir sind die Familie Wild, das ist unser Sohn Timo."

Die Erwachsenen tauschen sich aus, aber Timo redet kein Wort und lächelt auch kein bisschen. Seine Mutter kann nicht verstehen, warum er sich jetzt so verhält. Das wäre doch eine gute Gelegenheit, um mit den Kindern Kontakt aufzunehmen.

Timos Mutter ist geradezu genervt von der schüchternen Art ihres Sohnes. Wieso kann er nicht einfach auf die anderen Kinder zugehen und mit ihnen spielen?

Bleiben Sie als Eltern in solchen Situationen gelassen, auch wenn Sie gerne nachhelfen möchten. Gerade introvertierte Menschen brauchen eine Rückzugsmöglichkeit. Sie können sehr gut alleine sein, sie genügen sich und schöpfen in dieser Zeit Kraft. Schüchterne Kinder brauchen ihre Zeit. Es bringt nichts, ihnen gut zuzureden oder sie unter Druck zu setzen. Damit erreicht man lediglich, dass sie sich noch mehr zurückziehen.

Schüchternen Kindern fehlt oft das Vertrauen in sich selbst. Deshalb ist es gut, wenn sie positive Erfahrungen sammeln können. Es kann sehr hilfreich sein, dass Sie ganz bewusst einen Raum schaffen, in dem Ihr Kind seine eigenen Erfahrungen sammeln kann und lernt, dass es sich dort wohlfühlt und gut zurechtkommt. Es soll ein Übungsfeld in seinem gewohnten Umfeld haben, indem es weiß, dass es geachtet und geliebt wird.

TRAU-DICH-WAS-ÜBUNG: DU SCHAFFST DAS

Schaffen Sie bewusst für Ihr Kind Situationen in denen es eigene Entscheidungen treffen kann und Erfolgserlebnisse hat. Das können kleine Erfolge sein:

- Es legt fest, was sie heute unternehmen.
- Es entscheidet, was es anziehen möchte, egal wie es aussieht.
- Es sucht aus, welchen Weg sie zur Kita fahren.
- Es bestimmt, was es zum Abendessen gibt.
- Es darf auf einen Baum klettern.
- Es kann alleine den Tisch decken.
- Es füttert alleine die Tiere.
- Es bringt der befreundeten Nachbarin ein Stück Kuchen.

Ihr Kind soll erleben, dass es handlungsfähig ist und sich selbst vertrauen kann. Oft ist dies schon ein großer Schritt. Wenn Ihr Kind etwas schafft, was es sich bisher nicht zugetraut hat, loben Sie es. Loben Sie aber nicht pauschal. Sagen Sie ihm ganz konkret, was gut an seiner Entscheidung war: „Der Weg, den du ausgesucht hast, war sehr gut. Wir hatten heute Morgen keinen Stau und waren schneller in der Kita. Du kannst dir sowieso sehr gut Strecken merken.“ Dadurch lernt es, sich selbst zu vertrauen und entwickelt zunehmend Selbstbewusstsein. Je größer sein Selbstbewusstsein wird, desto eher wird es sich auch auf Neues und Unbekanntes einlassen und den Kontakt zu anderen Menschen suchen.

Lob und Wertschätzung sind nicht dasselbe

Ole ist gerade sechs Jahre alt geworden. In wenigen Wochen wird er den Kindergarten verlassen und nach den Sommerferien in die Schule kommen. Früher war er ein sehr schüchternes und übervorsichtiges Kind, aber in den letzten Monaten ist er viel selbstständiger geworden.

An einem Samstagmorgen, als die Eltern wachwerden, ist Ole verschwunden. Die Eltern sind außer sich. Auf einmal bemerken sie, dass die Haustür angelehnt ist. Als sie gerade losgehen, um Ole zu suchen, kommt er freudestrahlend mit einer Tüte frischer Brötchen zur Tür herein: „Mama, Papa, ich bin selbst zum Bäcker gelaufen und habe die Brötchen geholt."

Die Eltern wissen nicht, ob sie weinen oder lachen sollen. Sie sind beruhigt, dass Ole nichts passiert ist. Aber eigentlich würden sie auch schimpfen. Andererseits sind sie erstaunt, wie selbstständig ihr kleiner Sohn schon ist. Sie loben ihn für seine Hilfe und seinen Mut, treffen allerdings eine Vereinbarung: „Ole, das hast du toll gemacht. Aber du darfst das Haus nicht verlassen, ohne uns Bescheid zu geben. Wir haben uns Sorgen gemacht."

Für Eltern von eher schüchternen Kindern ist es oft ungewohnt, wenn diese selbstständig werden. Am Beispiel von Ole sehen wir das sehr schön. Sie reagieren instinktiv richtig, indem sie ihn für seine Idee, Brötchen zu holen, loben. Sie treffen aber auch eine Abmachung, dass er sie informiert, wenn er das Haus verlässt. Dies ist eine hilfreiche und gute Mischung aus Wertschätzung und Achtsamkeit. Gerade schüchterne Kinder brauchen Bestätigung, wenn sie sich etwas trauen. Würden die Eltern jetzt mit Ole schimpfen, würde das zarte Pflänzchen Selbstbewusstsein im Keim erstickt.

Es gibt grundsätzlich zwei Arten, Kindern eine positive Rückmeldung zu geben. Sie haben auch unterschiedliche Wirkungen.

WAS MACHT DEN UNTERSCHIED ZWISCHEN LOB UND WERTSCHÄTZUNG?

- Lob ist eine spontane, freudige Bekundung für eine Leistung oder ein Verhalten „Das hast du toll gemacht! Du bist super! Wirklich klasse dein Bild!"
- Zur Wertschätzung gehört eine positive innere Haltung der Person oder der Leistung gegenüber. Sie legt die Aufmerksamkeit beim Gegenüber wohltuend auf positive Aspekte. Sie ist wesentlich konkreter als Lob. „Du kannst sehr schön malen, besonders die Menschen sind dir gut gelungen. Deine Farben passen sehr schön zusammen."

Mutig sein kann man einfach mal ausprobieren

Schüchterne Kinder stehen sich oft selbst im Weg. Sie wissen nicht richtig, wie sie sich verhalten sollen, sind unsicher und halten sich daher oft im Hintergrund. Eine schöne Möglichkeit für schüchterne Kinder, Erfahrungen zu sammeln, sind Rollenspiele. Es sind „nur Spiele" und deshalb müssen Sie sich auch nicht fürchten. Sie können sich, ohne Druck, in die Rolle hineinversetzen und sich gehen lassen. Sie können der mutige Prinz, die schöne Prinzessin oder der listige Drachentöter sein, ohne sich Zwängen zu unterwerfen oder über ihr Verhalten nachzudenken. Alles ist erlaubt, richtig und gut. Es geht nur darum, dass ein Kind sich traut. Gerade fantasievolle, märchenhafte Rollenspiele machen Kindern viel Vergnügen, da sie so realitätsfern sind.

Wenn Ihr Kind schon etwas Selbstvertrauen gewonnen hat, können Sie auch alltägliche Situationen mit ihm nachspielen. Das kann im Kaufladen der Besuch beim Metzger sein oder der erste Tag im Kindergarten. Versuchen Sie kleine Situationen, die Ihrem Kind schwerfallen, spielerisch mit ihm zu üben. Diese Übung sollte zwanglos sein und Spaß machen.

! TIPP: SPIELIDEE ROLLENTAUSCH

Wählen Sie eine Alltagssituation aus, in der sich Ihr Kind schwertut. Das kann die Bestellung beim Eismann, der Anruf bei einer Freundin oder der erste Schultag sein.

- Nehmen Sie die Rolle des Kindes ein. Ihr Kind ist dann Mama oder Papa.
- Spielen Sie jetzt das schüchterne Kind. Fühlen Sie sich in die Rolle hinein. Sagen Sie, dass Sie sich nicht trauen, ein Eis zu bestellen, blicken Sie zu Boden, verstecken Sie sich hinter Ihrem Kind.
- Ihr Kind wird Sie unterstützen. Es übernimmt ja die Rolle der Mutter oder des Vaters. Sie werden verwundert sein, wie gut das Ihrem Kind gelingt.
- Nehmen Sie – nach einiger Zeit – die Unterstützung an und trauen sie sich, das Eis alleine zu bestellen.

Wenn Sie solche Rollenspiele öfters machen, wird Ihr Kind seine Schüchternheit im Alltag etwas überwinden können.

Das wirkungsvollste Mittel, damit ihr Kind seine Schüchternheit ablegt ist, dass Sie gelassen bleiben, hinter ihm stehen, ihm in allen Situationen zeigen, dass Sie es bedingungslos lieben, egal wie es sich verhält, und dass Ihr Kind durch Sie Wertschätzung und Anerkennung erfährt.

Angst gehört dazu

Angst ist grundsätzlich nichts Schlechtes. Sie dient als Warnsignal, hilft uns Bedrohungen zu erkennen, schützt uns und bewahrt uns vor Gefahren. Dennoch gehört es zur Entwicklung eines Kindes dazu, seine Ängste zu überwinden. Dabei sind Sie als Eltern ein wichtiger Unterstützer.

Angst ist ein Gefühl, das jeder von uns kennt. Kinder haben unterschiedliche Ängste. Angst vor der Kita, Angst vor Monstern, Angst alleine zu sein, Angst vor Kriegen, Angst vor dem ersten Schultag, Angst vor anderen Menschen, Angst vor dem Verlassen werden. Die Liste lässt sich unendlich erweitern.

Hannes weint jeden Morgen, wenn seine Mutter den Dreijährigen in die Kita bringt. Es spielen sich fürchterliche Szenen ab. Er schreit sich die Seele aus dem Leib, hämmert mit seinen kleinen Fäusten an die Zimmertür und dicke Tränen fließen. Seine Mutter ist völlig aufgelöst, wenn Sie im Büro erscheint. Es ist jeden Morgen ein Nervenkrieg.

Wenn Hannes' Mutter ihn nachmittags abholt, spielt er vergnügt und will überhaupt nicht mehr nach Hause. Er fühlt sich richtig wohl und ist gut in die Gruppe integriert. Seine Mutter hofft jeden Tag, dass es besser wird. Doch jeder Tag beginnt mit einem Drama.

Hannes' Mutter suchte Rat, denn die Sache war einfach verfahren. Als ich mich länger mit ihr austausche, frage ich sie, ob sie nach dem Heimkommen vom Kindergarten die Situation mit ihrem Kind besprochen hat. Sie bejaht das und erzählt, dass sie ihr Kind immer wieder fragt, warum sich morgens die Dramen abspielen. Auch würde sie täglich nach dem Frühstück auf ihr Kind einwirken und versuchen, dem Kind klarzumachen, dass es nichts zu befürchten hat: „Schau mal, dir gefällt es doch gut im Kindergarten, heute machst du einmal kein Drama daraus."

Ich riet Hannes' Mutter, das Thema nicht jeden Morgen aufzugreifen und so das Kind immer wieder auf das bevorstehende Drama hinzuweisen. Durch die Hinweise werden die Ängste immer wieder wachgerufen und das Kind erlebt die Situationen schon als „Drama-Spiel zwischen Mutter und Kind".

Als ich einige Tage später die Mutter wieder traf, erzählte sie mir, dass ihr Kind sich inzwischen gut von ihr lösen kann und die Tage ruhiger geworden seien.

Dies ist eine mögliche Strategie. Wenn das Kind sich im Kindergarten grundsätzlich wohlfühlt, wird es sich auch gut eingewöhnen, es braucht einfach seine Zeit. Wenn Sie jedoch merken, dass die Angst bei Ihrem Kind tief sitzt und es weiterhin Probleme hat, sich von Ihnen zu lösen, sollten Sie dies auf keinen Fall ignorieren. Sprechen Sie immer mal wieder mit ihm über seine Ängste, nehmen Sie sie ernst und sprechen Sie Ihrem Kind Mut zu.

Jedes Alter hat seine typischen Ängste

„Wenn einer keine Angst hat, hat er keine Fantasie."

Erich Kästner

Jedes Elternteil hat schon ähnliche Szenen erlebt. Sofort regt sich das schlechte Gewissen. „Mein Kind weint, fühlt sich nicht wohl, hat Angst und ich lasse es zurück. In solchen Momenten fühlt man sich dann schon mal als „Rabenmutter oder -vater“. Doch machen Sie sich bewusst, dass die Ängste, die Kinder haben, zur normalen Entwicklung eines Kindes gehören. Sie sind wichtig für den kognitiven und emotionalen Reifeprozess des Kindes. Je nach Alter können unterschiedliche Ängste auftreten. Diese Ängste sollten wir unseren Kindern zugestehen, auch wenn wir gerne unsere „Kleinen“ in Watte packen würden. Ich will hier nicht den Begriff der Helikopter-Eltern bemühen, aber auch das Zulassen bestimmter Erfahrungen wird Ihr Kind prägen. Wie so oft, ist es eine Frage der Dosis.

KINDLICHE ÄNGSTE IN BESTIMMTEN ENTWICKLUNGSPHASEN

- Zwischen dem 1. und 3. Lebensjahr treten bei den meisten Kindern Trennungsängste auf.
- Zwischen dem 2. und 4. Lebensjahr befinden sich Kinder in der magischen Phase und haben oft diffuse Ängste. Sie haben nachts Angst vor Monstern, Hexen oder bösen Geistern.
- Zwischen dem 5. und 7. Lebensjahr haben Kinder sehr konkrete Ängste. Sie denken immer logischer, haben Angst vor Kriegen oder Naturkatastrophen, wenn sie diese im Fernsehen sehen.

Egal welche Ängste Ihr Kind hat, nehmen Sie diese ernst und gehen Sie achtsam darauf ein, auch wenn Sie diese nicht immer nachvollziehen können. Wie bei den anderen Gefühlen auch, ist die Angst in diesem Moment sehr real für Ihr Kind. Es fürchtet sich und kann keine logischen Argumente nachvollziehen. Das Beherrschende ist das Gefühl Angst. Logische Erklärungen helfen da nur bedingt.

Eine Klientin erzählte mir, dass ihr sechsjähriger Sohn seit mehreren Wochen ständig Angst davor hätte, dass er, sie oder ihr Mann sterben. Wenn einer von ihnen das Haus verlässt, fragt er ganz besorgt: „Du kommst doch wieder? Dir passiert nichts und du hast keinen Unfall?" Wenn Sie ihn abends zu Bett bringt, fragt er immer wieder: „Ich sterbe heute Nacht doch nicht?"

Sie kann sich diese Angst überhaupt nicht erklären und versucht ihm immer wieder klar zu machen, dass sie alle jung und gesund sind und dass sie noch lange leben. Das zeigt jedoch keine Wirkung. Ein paar Wochen später hört sie bei einem Elternabend, dass die Großmutter eines Klassenkameraden vor einiger Zeit gestorben ist.

In oben genanntem Beispiel hat der Tod der Oma die Kinder so mitgenommen, dass beide Jungs oft daran dachten, dass sie oder ihre

Familien plötzlich nicht mehr da sein könnten. Sie hatten ganz konkrete Ängste vor dem Tod. Sie wurden zum ersten Mal mit dem Tod konfrontiert und das löste verständlicherweise Angst davor aus, verlassen zu werden. Nachdem meine Klientin ihrem Sohn erklärt hat, dass die Oma mit ihren 94 Jahren schon ganz lange gelebt und viele schöne Momente erfahren hat, konnte er das Erlebte für sich einordnen. Dennoch blieb die Angst vor dem Verlassen werden noch einige Zeit ein Thema.

Grundsätzlich ist es wichtig, auf die Ängste Ihres Kindes einzugehen und Kinder auch Hintergrundinformationen zu geben. Erklären Sie Ihrem Kind altersgerecht die Themen Tod, Krieg usw. Beantworten Sie seine Fragen und geben Sie ihm mit Ihren Antworten Sicherheit. Lassen Sie Ihr Kind davon erzählen. Es hilft oft schon, wenn es über seine Ängste sprechen kann.

Abends kommen die Monster

Alle Eltern kennen die Angst der Kinder vor jenen Wesen, die es „nur" in ihrer Fantasie gibt. Sie glauben plötzlich, dass ein schleimiges Monster unter ihrem Bett wohnt und sie in der Nacht fressen will. Die Socke auf dem Teppich im Kinderzimmer wird bei Dunkelheit zur giftigen Kröte, oder eine kleine, bösartige Hexe besucht sie jede Nacht, um sie in einen Stein zu verhexen. Solche Geschichten malen sich Kinder in den schillerndsten Farben aus.

Damit Kinder Ängste überwinden, die zur normalen Entwicklung gehören, brauchen sie Ihre Unterstützung. Hören Sie zu, fragen Sie nach und unterstützen Sie ihr Kind. Oft helfen kleine Mutmacher. Kinder sind sehr kreativ und offen für neue Ideen. Lassen Sie sich etwas einfallen um Ihrem Kind die Angst zu nehmen. Zum Beispiel ist es sehr hilfreich, ein abendliches Ritual mit dem Kind zu erfinden, wie man das Kinderzimmer „monsterfrei“ bekommt. Oder Sie schauen gemeinsam unter dem Bett, hinter dem Vorhang und im Schrank nach, ob da auch niemand ist. Oder Sie lesen eines der vielen Bilderbücher vor, die davon handeln, wie andere Kinder die Monster „losgeworden“ sind.

Das Mut-Mach-Training

MUT-MACH-ÜBUNG MIT DEM GLÜCKSSTEIN

Sprechen Sie mit Ihrem Kind über seine Ängste.

- *Was bedrückt dich?*
- *Wovor fürchtest du dich?*
- *Was macht dir Angst?*

Fragen Sie, was sich Ihr Kind genau vorstellt. Es darf ruhig das Schlimmste beschreiben, was es befürchtet. Wenn es das schon mal ausgesprochen hat, ist es oft schon besser.

- *Was wäre das Schlimmste dabei?*
- *Was könnte Schreckliches passieren?*
- *Was wäre daran am gruseligsten?*

Danach können Sie argumentieren. Erklären Sie Ihrem Kind altersgemäß, warum es sich nicht zu fürchten braucht oder warum es unwahrscheinlich ist, dass seine Befürchtung eintritt. Sprechen Sie in Ich-Botschaften.

- *Ich kann verstehen, dass du Angst vor ... hast. Wir sind jedenfalls immer für dich da und deine Freunde auch.*

Schenken Sie Ihrem Kind ein Symbol, das ihm hilft, die Angst zu überwinden. Kinder mögen solche zauberhaften Unterstützer.

- *Hier habe ich einen Glücksstein. Der zaubert deine Angst weg. Nimm ihn in die Hand.*
- *Diesem Sorgenfresser kannst du deine Sorgen erzählen. Er frisst sie dann auf.*

Wir haben unserem Sohn einen Sorgenfresser gekauft. Abends haben wir über den Tag gesprochen und ich habe alles, was unseren Sohn am Tag beschäftigte und über das er sich Sorgen machte, auf einen Zettel geschrieben. Diesen haben wir dem Sorgenfresser in sein großes Maul gesteckt. Für unseren Sohn waren die Probleme schon erledigt, als der Sorgenfresser sie im Maul hatte. Manchmal allerdings hatte er „Verdauungsprobleme" und der Zettel war morgens noch da. Das war aber nicht schlimm.

Rituale helfen gegen die Angst

Gerade bei diffusen Ängsten hilft es oft, Rituale zu entwickeln. Sie könnten nachts ein kleines Licht im Zimmer brennen lassen, die Tür einen Spalt weit offen lassen oder vor dem Einschlafen ein Ritual einführen um die finsteren Gestalten zu vertreiben. Auch kleine Lämpchen, die man in der Steckdose installieren kann, können schon kleine Wunder bewirken, und Ängste verschwinden quasi über Nacht.

! TIPP: MUT-MACH-SPIEL MONSTERFALLE

1. Sprechen Sie mit Ihrem Kind darüber, wie die Fantasiegestalt aussieht und was sie tut.
2. Überlegen Sie gemeinsam, was sie tun könnten, damit die Fantasiegestalt vertrieben wird. Spielen Sie das Spiel mit, bringen Sie kreative Ideen ein. Argumentieren Sie auf keinen Fall: „Das ist nicht möglich, das passiert bestimmt nicht." Ihr Kind hat Angst vor dem Fantasiewesen und jetzt vertreiben sie es gemeinsam.

3. Mögliche Ideen könnten sein, dass sie die Fantasiegestalt mit wildem Tanz und Gesang aus dem Zimmer vertreiben. Sie könnten auch gemeinsam eine Monsterfalle bauen oder Ihrem Kind ein Anti-Monster-Spray (eine kleine Sprühflasche mit Wasser oder Parfüm) ans Bett stellen. Dann kann es die Fantasiewesen selbst vertreiben, wenn sie auftauchen.
4. Spielen Sie das Spiel auch am nächsten Morgen mit. Schauen Sie, ob das Wesen in die Falle gegangen ist oder ob Sie es mit Ihrem Gesang oder Tanz vertrieben haben.

Angst oder Angewohnheit?

Manchmal entwickeln Kinder ganz besondere Eigenheiten. Sie halten beharrlich an Ängsten fest, obwohl sie sich schon lange nicht mehr fürchten. Das kann der tränenreiche Abschied sein oder die Angst, abends alleine einzuschlafen. Es ist oft nicht leicht zu erkennen, ob das Kind tatsächlich Angst hat oder ob es eine Gewohnheit ist. Kinder bekommen natürlich Aufmerksamkeit, wenn sie sagen, dass sie sich vor etwas fürchten. Das ist auch wichtig. Doch irgendwann bemerken sie vielleicht, dass sie durch ihr Verhalten auch Macht über Mama und Papa haben. Sie rufen laut und Mama kommt am Abend noch fünfmal ins Zimmer oder sie dürfen im Elternbett schlafen. Das ist auf Dauer nicht der richtige Weg.

Manchmal wollen Kinder einfach sehen, wie weit sie gehen können und wer den längeren Atem hat. Dann ist es wichtig, klare Grenzen aufzuzeigen, Regeln aufzustellen und konsequent zu bleiben. Beobachten Sie Ihr Kind aufmerksam. Sie kennen es am besten und werden erkennen, wann es wirklich Angst hat und wann es eine Angewohnheit entwickelt. Sollten Sie erkennen, dass Ihr Kind ein Spiel mit Ihnen spielt, ist es wichtig, dies anzusprechen: „Ich habe die Vermutung, dass du abends immer nach mir rufst, weil du nicht einschlafen willst, und nicht, weil du Angst hast.“

Heike bringt ihre Kinder Luisa (5) und Karl (3) zu Bett. Sie liest ihnen noch eine Geschichte vor, dann fallen Karl auch schon die Augen zu und er schlummert friedlich ein. Sie gibt Luisa einen Gutenachtkuss und geht ins Wohnzimmer.

Kaum sitzt sie auf der Couch, ruft Luisa: „Mama, ich kann nicht einschlafen. Ich bin so durstig." Heike bringt ihr ein Glas Wasser und verabschiedet sich. Fünf Minuten später hört sie, wie Luisa aufsteht und ins Wohnzimmer kommt. „Mama, ich muss noch Pippi." Als dies erledigt ist, geht Heike mit Luisa ins Kinderzimmer und sagt: „So, jetzt wird aber geschlafen."

Weitere zehn Minuten später ruft Luisa: „Mama, komm schnell, da ist ein Riese unter meinem Bett." Sie schreit so laut, dass Karl aufwacht. Mit ihren Erzählungen macht sie ihm auch Angst. Plötzlich ist lautes Geschrei und reges Treiben im Kinderzimmer und an einen geruhsamen Abend ist nicht mehr zu denken.

Manchmal ist es schwierig zu erkennen, ob Kinder wirklich Angst haben oder diese nur vorschieben. Im oben genannten Beispiel spricht viel dafür, dass die Angst vor dem Riesen von Luisa vorgeschoben war. Sie wollte nicht schlafen und hat allerhand Tricks angewandt, um nicht schlafen zu müssen. Eltern erkennen meist sehr schnell, ob es sich um wirkliche Ängste oder um Ablenkungsmanöver handelt.

Senden Sie Mut-Botschaften!

Um Ihr Kind dabei zu unterstützen, seine Angst zu überwinden, können Sie es immer wieder ermutigen und bestärken. Im vorigen Kapitel habe ich über negative Glaubenssätze gesprochen, welche die Freude Ihres Kindes beeinträchtigen können.

Es gibt aber auch positive Glaubenssätze, die Ihr Kind bestärken und an denen es wachsen wird. Gerade wenn Ihr Kind sehr ängstlich ist, sollten Sie es mit positiven Botschaften unterstützen. Auch diese entwickeln sich im Laufe der Zeit zu Glaubenssätzen, die Ihr Kind ein Leben lang begleiten. Solche Botschaften könnten sein:

- Du schaffst das!
- Du bist mutig und stark!
- Du bist ein toller Mensch!
- Ich habe dich lieb, egal was passiert!
- Ich bin stolz auf dich!
- Du kannst das!
- Ich glaube an dich!
- Du bist großartig!
- Du traust dich was!

In schwierigen Situationen wird Ihr Kind auf diese Sätze zurückgreifen. Sie ermutigen und helfen ihm, Hürden zu überwinden.

Wir haben immer versucht, unseren Sohn durch positive Botschaften zu stärken. Mit vier Jahren lernte er Fahrrad fahren. Wir fuhren in Urlaub und nahmen die Fahrräder mit. Am ersten Tag wählten wir einen kleineren Rundweg aus, das sollte für den Anfang reichen.

Als wir fast wieder am Ziel waren, standen wir vor einem steilen Anstieg. Ich dachte: „Das wird schwierig mit dem kleinen Kinderrad, ohne Gangschaltung." Ich sagte aber nichts und fuhr hinter ihm her.

Er wurde immer langsamer, aber da fuhr mein Mann neben ihn und sagte: „Komm, du schaffst das! Du bist ein toller Radfahrer." Unser Sohn strahlte über das ganze Gesicht, trat weiter in die Pedale und sagte: „Papa, sag das noch mal, das ist schön." So fuhren wir den steilen Berg hoch und mein Mann sagte immer wieder die gleichen Worte. Oben angekommen platzte unser Sohn vor Stolz.

Wenn es heute schwierig wird, motiviert er sich selbst mit so einem Satz. Er gibt ihm Sicherheit und das Vertrauen es selbst zu schaffen.

Wenn Sie Ihre Kinder mit stärkenden Botschaften durch Ihre Ängste begleiten, für sie da sind und sie erleben lassen, dass sie es schaffen können, werden sich auf jeden Fall positive Glaubenssätze festigen. Diese werden sie ein Leben lang begleiten und sie mutig durchs Leben gehen lassen. Positive Glaubenssätze haben eine sehr stark motivierende Wirkung und prägen nachhaltig. Sie stärken das Selbstvertrauen Ihres Kindes und lassen es an seine Stärken glauben. Unterstützen Sie Ihr Kind immer wieder mit positiven Botschaften.

Achtsamkeit und Selbstvertrauen

WAS HEISST EIGENTLICH MUTIG SEIN?

„Mut bedeutet, dass man sich traut und fähig ist, etwas zu wagen, das heißt, sich in eine gefahrenhaltige, mit Unsicherheit verbundene Situation zu begeben." (Wikipedia)

„Mut ist eine Stimmung, ein Gefühl der Zuversicht und eine Haltung, dass man auf Gefahren zugeht, etwas tut, obwohl man Angst hat." (Duden)

In unserem Alltag hat Mut viele Gesichter:

- mutig Neues ausprobieren
- mutig für die eigenen Bedürfnisse einstehen
- mutig die eigene Meinung vertreten
- mutig anderen Menschen zur Seite stehen
- mutig in Situationen handeln

Für Eltern ist es wichtig, Ihren Kindern Mut vorzuleben und Gefahren, die durch Übermut entstehen, aufzuzeigen. Sie sind mutige Vorbilder für Ihre Kleinen. Mutig können wir nur sein, wenn wir an uns selbst und unsere Fähigkeiten glauben. Es gibt leider keinen Zaubertrank wie im Film, um mutig zu werden. Manche Menschen sind von Geburt an mutig, sie trauen sich viel und denken wenig über die Gefahr nach. Andere wiederum sind eher zurückhaltend und wagen wenig. Mut ist teilweise eine Charaktereigenschaft und teilweise eine erlernbare Fähigkeit.

Sie können Ihrem Kind zeigen, wie man mutig wird. Ermutigen Sie Ihr Kind, sagen Sie ihm, dass Sie fest an es glauben und lassen Sie Ihr Kind spüren, dass Sie diese Fähigkeit an ihm schätzen.

Achtsamkeit bedeutet in diesem Zusammenhang, dass man jeden Schritt, der Mut erfordert, bemerkt und schätzt. Wenn Ihr Kind sich traut, ein Tier zu streicheln, vor dem es bisher Angst hatte, loben Sie es dafür und sagen Sie ihm wie mutig es ist. Wenn es sich die große Rutsche heruntergleiten lässt, schätzen Sie seine Leistung und sagen Sie ihm, dass es das viel besser kann als Sie. Ihr Kind muss selbst erleben, dass es mutig ist und dies geht nur durch Taten. Vermitteln Sie Ihrem Kind ein Gefühl von Vertrauen in sein eigenes Verhalten. Dann lernt es sich selbst einzuschätzen, Gefahren zu erkennen und entsprechend zu handeln. Vielleicht möchten Sie Ihrem Kind diese Fabel erzählen, wenn es einmal zweifelt oder sich etwas nicht traut. Sie zeigt, dass es wichtig ist, an sich zu glauben, denn dann kann man alles schaffen.

OPTIMISTEN LEBEN LÄNGER

Zwei Frösche gingen auf Wanderschaft. Sie kamen an einem Bauernhof vorbei. Auf dem Hof stand ein Eimer. Die beiden Frösche waren neugierig, was wohl in dem Eimer sei. Also sprangen sie mit einem großen Satz in den Eimer. Es stellte sich heraus, dass dies keine gute Idee gewesen war, denn der Eimer war halb gefüllt mit Milch. Die Frösche schwammen nun in der Milch, konnten aber nicht mehr aus dem Eimer springen, da die Wände zu hoch und zu glatt waren. Der Tod war ihnen sicher.

Der eine der beiden Frösche war verzweifelt. „Hier kommen wir nie wieder raus, wir müssen sterben", jammerte er. Und er hörte auf zu schwimmen, da es für ihn keinen Sinn mehr hatte. Der Frosch ertrank in der Milch.

Der andere Frosch aber sagte sich: „Ich gebe zu, die Sache sieht nicht gut aus. Aber deshalb gebe ich noch lange nicht auf. Ich bin ein guter Schwimmer! Ich schwimme so lange ich kann!"

So stieß der Frosch kräftig mit seinen Hinterbeinen und schwamm im Eimer herum. Immer weiter. Er schwamm und schwamm und schwamm. Wenn er müde wurde, munterte er sich selbst wieder auf: „Du schaffst das!" Mutig schwamm er weiter.

Und irgendwann spürte er an seinen Füßen eine feste Masse. Ja tatsächlich – da war keine Milch mehr unter ihm, sondern eine feste Masse. Durch das Treten hatte er die Milch zu Butter geschlagen. Nun konnte er aus dem Eimer in die Freiheit springen.

(Verfasser unbekannt)

Diese Fabel verdeutlicht schön, dass Mut, Durchhaltevermögen und der Glaube an die eigene Selbstwirksamkeit in schwierigen Situationen sehr hilfreich sind.

Es gibt Situationen, in denen es leichter fällt als in anderen, mutig zu handeln. Unterstützen Sie Ihr Kind, damit es jeden Tag ein Stück mutiger wird. Mut können Sie trainieren wie Muskeln im Fitness-Center. Nur durch tägliches Training wächst der „Mut-Muskel“ Ihres Kindes.

Eifersucht und Neid – die „bösen" Gefühle

Eifersucht und Neid sind starke Gefühle. Jeder kennt sie und spürt sie mehr oder weniger ausgeprägt. Erinnern Sie sich noch an die Werbung einer Bank? Zwei Schulfreunde treffen sich nach langer Zeit. Ohne großen Smalltalk zum Gesprächseinstieg zeigen Sie sofort Bilder ihres Erfolgs: „Mein Haus – mein Auto – mein Boot“. Hier ist das suggerierte Ziel klar definiert: Es geht darum, seine Macht und seinen Status zu demonstrieren. So etwas schürt natürlich das Neidverhalten. Wir vergleichen, hinterfragen und fühlen uns vielleicht benachteiligt. Kennen Sie die Situation vom letzten Klassentreffen? Nach der ersten Wiedersehensfreude wird Bilanz gezogen: Wer hat was beruflich erreicht, wie sieht es mit der Familie aus, und, und, und ... Jeder hat so etwas schon einmal erlebt und weiß, wie es sich anfühlt.

Warum soll es Kindern da anders gehen. Neid ist ein ganz normales Gefühl. Es ist ein emotionales Gemisch aus Verlangen, Benachteiligung und Traurigkeit. Es taucht plötzlich auf und oft ist man sich dieser Emotion gar nicht bewusst.

Neid entwickelt sich bei Kindern zwischen dem zweiten und dem dritten Lebensjahr. In dieser Phase entwickelt sich das eigene Ich. Das Kind grenzt sich von anderen Personen ab und seine Selbstwahrnehmung beginnt. Dadurch fängt es an, sich mit anderen Kindern zu vergleichen. „Meine Schwester hat eine schönere Puppe“, „Mama schmust mehr mit meinem Bruder“ – es gibt vieles, auf das man neidisch sein kann. Grundsätzlich unterscheidet man zwei unterschiedliche Arten von Neid.

WAS IST EIGENTLICH NEID?

Neid auf materielle Güter
Dazu gehören der Neid auf Besitztümer, Gegenstände, Reichtum, aber auch der Futterneid.

Neid auf Nichtmaterielles
Darunter versteht man den Neid auf Liebe, Anerkennung, Aufmerksamkeit, Erfolg, Privilegien, Wertschätzung, Zuneigung

Geschwisterneid

Gerade Eltern, die mehrere Kinder haben, können ein Lied davon singen. Tagelang stand die Kiste mit den Holzbausteinen unberührt im Kinderzimmer, doch wenn ein Kind sie benutzt, können Sie davon ausgehen, dass das Geschwisterkind zwei Minuten später auch damit spielen will. Manchmal ist es schwer, als Eltern den Spagat zu schaffen, es allen Kindern recht zu machen und dabei selbst nicht auf der Strecke zu bleiben. Oft schwelt das ungute Gefühl in einem, ein Kind zu bevorzugen oder zu vernachlässigen und nicht allen gerecht werden zu können.

Die kleine Emma hat sich so auf ihren kleinen Bruder gefreut. Seit einer Woche ist das Baby zu Hause und die Vierjährige versteht die Welt nicht mehr. Jeden Tag kommen viele Leute zu Besuch und wollen nach dem Baby sehen. Sie bringen Geschenke mit.

Emma fängt an, sich zum Teil auf unangenehme Weise in den Vordergrund zu spielen. Die Eltern sind mit der Situation überfordert. Sie geben sich doch große Mühe auch Emma große Aufmerksamkeit zu schenken.

Solche Situationen kommen häufig vor. Emma, die bisher alle Aufmerksamkeit genoss, muss jetzt lernen, damit umzugehen nicht immer die erste Geige zu spielen. Dies ist für Emma nicht leicht, da sie noch nicht wirklich versteht, was gerade geschieht. Emma will auch mit Mama schmusen und sie endlich mal wieder ganz für sich alleine haben. Sie merkt, dass es nicht mehr wie bisher ist, und ihre Mama und ihr Papa plötzlich noch andere Aufgaben haben. Die Eltern sollten mit Emma reden und sie mit einbeziehen. Wichtig ist, dass vertraute Rituale weiterhin stattfinden. „So Emma, jetzt singen wir noch dein Lieblings-Einschlaflied." Eltern können sich dabei untereinander den „Ball" zuspielen, in dem sie Aufgaben aufteilen. Papa versorgt das Baby, die Mutter spielt mit Emma. Dazu soll es dann verbindende Dinge geben. „Wir sind jetzt eine größere Familie. Emma, als große Schwester kannst du jetzt dem Baby ein Lied vorsingen. Schau, wie es sich darüber freut."

Neid macht unglücklich

„Wir denken selten an das, was wir haben,
aber immer an das, was uns fehlt."

Arthur Schopenhauer

Kleine Kinder sind sich oft nicht bewusst, worauf sie eigentlich genau neidisch sind. Sie empfinden ein vages, ungutes Gefühl schlecht weggekommen zu sein. Sie sehen die Welt aus dem negativen Blickwinkel: „Der hat was, was ich nicht habe." Das kann ein neues Spielzeug, schöne Kleidung, Aufmerksamkeit, Freunde zum Spielen, Liebe, Anerkennung und vieles mehr sein. Sie fühlen sich ganz klar benachteiligt. Dabei besitzen sie noch nicht die Fähigkeit, einen anderen, positiven Blickwinkel einzunehmen. Es bringt also wenig, zu argumentieren: „Sei doch nicht neidisch, du bist doch die große Schwester. Du kannst doch schon viel mehr als dein kleiner Bruder." Kinder haben in dieser Situation kein offenes Ohr für solche Argumente. Sie nehmen nicht wahr, was sie alles haben und können. Im ersten Schritt können Sie Ihr Kind in so einer Situation unterstützen, indem Sie ihm die Möglichkeit geben, seinen Neid offen zu äußern.

Den Neid beim Namen nennen

Signalisieren Sie Ihrem Kind: Neid ist genauso ein erlaubtes Gefühl wie alle anderen Gefühle. Spielen Sie es nicht als „übertrieben" oder „albern" herab. Dabei ist folgende Übung sehr hilfreich.

ACHTSAMKEITS-ÜBUNG: NEIDSTEINE

Wenn ihr Kind gerade sehr neidisch ist, sollten Sie es dabei unterstützen, den Neid los zu werden. Lebt es auf Dauer mit dem negativen Gefühl, schmälert dies sein Selbstbewusstsein. Eine schöne Übung um den Neid und den damit verbunden Ärger zu benennen und ihn loszulassen sind Neidsteine.

1. Gehen Sie mit Ihrem Kind hinaus in die Natur, machen Sie einen kleinen Spaziergang zu einem Fluss, Bach oder See.
2. Fragen Sie Ihr Kind auf dem Weg dahin, was es neidisch macht und was es gerne loswerden möchte.
   - *Was gefällt dir nicht?*
   - *Auf was bist du neidisch?*
   - *Was stört dich daran?*
   - *Was glaubst du, kann dein Bruder besser als du?*
3. Immer wenn Ihrem Kind etwas einfällt, hebt es einen kleinen Stein auf.
   - *Wie sieht der Stein aus?*
   - *Wie fühlt er sich an?*

   So steckt es zum Beispiel einen Stein für „das neue Fahrrad von Torben" in die Tasche.

4. Wenn Sie an Ihrem Ziel angekommen sind, gehen Sie mit Ihrem Kind zu einer Stelle am See oder einem Fluss, an der Sie sich beide wohlfühlen und entspannen können.
5. Ihr Kind holt jetzt die Neidsteine aus seiner Tasche und schmeißt einen nach dem anderen ins Wasser. „Jetzt schmeiße ich meinen Neidstein für Torbens neues Fahrrad ganz weit weg." Oder es lässt den Stein über das Wasser hüpfen, bevor er untergeht. Es kann seinen Neid an dieser Stelle „untergehen" lassen.

Wenn Ihr Kind erst einmal darüber gesprochen hat, was es neidisch macht oder worauf es neidisch ist, sind sie schon einen großen Schritt weiter. Eifersucht und Neid sind ungute Gefühle und sie nagen an einem. Deshalb ist es wichtig zu erkennen, was die Eifersucht in mir auslöst um dann darüber nachzudenken, ob ich wirklich eifersüchtig sein muss.

Mehr Selbstbewusstsein vertreibt den Neid

Meist entstehen Neid und Eifersucht aus dem Gefühl der Benachteiligung. Man denkt, dass es einem schlechter geht, der andere mehr hat oder weniger tun muss und deshalb fühlt man sich benachteiligt. Menschen mit großem Selbstbewusstsein verspüren weniger Neid. Selbstbewusstsein heißt nichts anderes als Sich-seiner-selbst-bewusst-sein. Also genau zu wissen, was man kann und was schwer fällt. Zu wissen, dass ich von meinem Umfeld gemocht werde, so wie ich bin und das mein Umfeld stolz auf mich ist und hinter mir steht, egal was passiert, ist dabei von großer Bedeutung. Wenn Kinder mit diesem Wissen groß werden, werden sie nur selten neidisch sein. Sie gönnen anderen Kindern was sie haben und besitzen das Selbstvertrauen, dass sie dadurch nichts verlieren.

Sie können Ihr Kind täglich achtsam unterstützen, dieses Selbstwertgefühl zu entwickeln. Schaffen Sie ganz bewusst Situationen, in denen Ihr Kind sein Können und seinen Erfolg erlebt. Lassen Sie es sich ausprobieren. Lassen Sie es auf Bäume klettern, durch Pfützen springen, alleine zum Bäcker gehen und so weiter. All diese kleinen Aktionen lassen es spüren „Ich kann das!" Dadurch wird es wachsen und Vertrauen in sich haben. Außerdem können Sie Ihr Kind fördern, seine eigenen Interessen zu entwickeln. Wenn es sportliche, musikalische, kreative oder soziale Stärken hat, animieren Sie es dazu, diese auszuleben. Dadurch bekommt Ihr Kind ein Gespür für sich und seine Fähigkeiten.

„Wenn die Kinder klein sind, gib ihnen Wurzeln.
Wenn sie groß sind, gib ihnen Flügel."

Chinesisches Sprichwort

Neid auf Dinge hat eigentlich andere Gründe

Nino und Lars kennen sich schon seit der Krabbelgruppe und verstehen sich sehr gut. Die beiden machen mit dem Handballverein eine Fahrradtour. Darauf freuen sie sich schon sehr.

Als Lars' Eltern ihren Sohn abends abholen, ist dieser sehr mürrisch. Im Auto erzählt er, dass Nino nicht mehr sein Freund ist. „Er ist ein richtiger Angeber. Mit seinem neuen Fahrrad fühlt er sich super wichtig und ist immer der schnellste." Die Eltern merken, dass Lars richtig neidisch ist und nicht gut mit diesem Gefühl umgehen kann.

Auf den ersten Blick scheint Lars neidisch auf das neue Fahrrad zu sein. Der Auslöser des Neides ist, auf der Sachebene, das neue Fahrrad – denken Sie an den Eisberg. Im Beispiel von Lars und Nino steckt jedoch auf der Beziehungsebene etwas ganz anderes dahinter. Es ist nicht wirklich das neue Fahrrad auf das Lars eifersüchtig ist, es ist vielmehr die Anerkennung für die sportliche Leistung, die Nino erhält. Nino kann sehr gut Fahrrad fahren. Mit dem neuen Rad macht er ein paar coole Sprünge und steht sofort im Mittelpunkt. Er wird bewundert und wertgeschätzt und das ist manchmal schwer zu ertragen.

Auch bei den Gefühlen Neid und Eifersucht sitzt der wahre Konfliktpunkt oft „unter Wasser." Wie im Eisberg-Modell beschrieben, sitzen dort unsere Gefühle und an der Oberfläche die Fakten. Neid wird oft durch ein Baby in der Familie, tolle Spielsachen oder neue Kleidung ausgelöst. Die wahren Gründe sind jedoch meist fehlende Anerkennung und Wertschätzung. Dem können Sie entgegenwirken, indem Sie Ihr Kind achtsam und respektvoll behandeln, es wertschätzen und immer ein offenes Ohr für es haben.

Menschen sind soziale Wesen. Im Umgang miteinander ist Neid völlig normal. Wir müssen alle lernen mit Frustrationen umzugehen. Kinder können das natürlich von Ihnen als Vorbild lernen. Sie werden sich an Ihrem Verhalten orientieren. Versuchen Sie Ihrem Kind deshalb vorzuleben, dass Sie sich an dem Erfolg anderer freuen, da Sie sicher sind, dass auch Sie Erfolg haben werden. Vielleicht in einem ganz anderen Bereich, das ist aber in Ordnung und gut so.

Vergleichen mit anderen Kindern schadet

Manch einer erinnert sich noch gut, wie die eigenen Eltern einen immer mit irgendwelchen anderen „tollen" Kindern verglichen haben. Das hat damals nichts genützt und bringt auch heute nichts. Vergleichen Sie also Ihr Kind nicht mit anderen und führen Sie auch keine anderen Kinder als Vorbilder ins Feld.

Jonas' Großeltern schwärmten ihm ständig vom Enkelkind ihrer Freunde vor. Egal, was Jonas leistete, das andere Kind wurde ihm vorgehalten. Der andere Junge würde sich besser benehmen, bessere Schulnoten schreiben und so fort. Sie ließen keine Gelegenheit aus, den anderen Jungen zu beschreiben und ihn zu loben. Egal, was ihr Enkel tat, der andere Junge wurde immer erwähnt – eine beklemmende Situation, die Neid und sogar Hass schürte. Noch heute steigt in Jonas der Ärger hoch, wenn er daran denkt. Die Situation führte dazu, dass Jonas sich von den Großeltern abwandte.

Das Beispiel zeigt deutlich, dass es nicht sinnvoll ist, Vergleiche zwischen Ihrem Kind und anderen Kindern anzustellen. Sie drängen Ihr Kind dadurch noch tiefer in die Neidspirale. Bin ich besser oder schlechter? Was hat er was ich nicht habe? Ständig zu vergleichen bringt weder Ihnen noch Ihrem Kind etwas. Die Folgen können gravierend sein:

Ihr Kind wird unsicher, fühlt sich herabgesetzt und reagiert nachvollziehbar heftig auf das andere Kind. Neid ist immer ein schlechtes Gefühl und sollte durch solche Dinge und Situationen keinen Nährboden bekommen. Ungeklärter Neid ist auf Dauer sehr unschön und führt zu einem niedrigen Selbstwertgefühl. Im schlimmsten Fall entstehen bei Ihrem Kind negative Glaubenssätze wie:

- Ich bin es nicht wert beachtet zu werden.
- Ich habe keine bessere Behandlung verdient.
- Ich habe keinen Erfolg.
- Andere sind immer noch besser als ich.

Um dies zu verhindern, sollten Sie Ihrem Kind aufmerksam zuhören und ihm Zeit schenken. Materielle Geschenke minimieren den Neidfaktor nur im ersten Moment. Viel wichtiger ist es, Zeit mit Ihrem Kind zu verbringen. Dadurch spürt es: Ich bin wichtig und wertvoll und werde geliebt. Diese gemeinsame Zeit können

Sie auch nutzen, um Ihrem Kind eine Geschichte zu erzählen. Mit Geschichten können Sie ihm auf eine einfühlsame, unterstützende Art den Spiegel vorhalten.

TIPP: EINE GESCHICHTE IST BESSER ALS TAUSEND ERKLÄRUNGEN

Denken Sie sich eine Geschichte aus, die das Verhalten Ihres Kindes wiedergibt. „Zwei kleine Katzenbabys streiten ständig, weil das eine Katzenkind nicht so gut auf Bäume klettern kann wie das andere …" So können Sie Ihre Botschaften in eine Geschichte verpacken, die Sie Ihrem Kind erzählen.

Danach sprechen Sie mit ihm über die Geschichte. Sofort erkennt Ihr Kind Parallelen zu eigenen Erlebnissen. Damit können Sie dann das Neidverhalten, Konflikte und Lösungen bearbeiten.

Wenn es Ihre Zeit zulässt, schreiben Sie die Geschichte auf. Stellen Sie sich vor, wie toll es wäre, wenn Sie Jahre später Ihre Geschichten gemeinsam mit Ihrem Kind wieder lesen würden. Das wäre dann ein ganz persönliches Geschichtsbuch.

VERSUCH'S MIT ENGELSGEDULD

Für Eltern liegt die Herausforderung darin, sich in Geduld zu üben, ihre Kinder nicht anzutreiben, zu hetzen und ständig Druck zu machen. Für Kinder liegt die Herausforderung darin, geduldig zu sein, warten zu lernen, auszuhalten und sich zurückzunehmen.

Wie geduldig sind Sie? Haben Sie schon einmal über diese Frage nachgedacht? Gehören Sie auch zu den Menschen, die ständig auf die Uhr schauen, wenn sie auf den Bus oder Zug warten, die im Supermarkt immer nach der kürzesten und schnellsten Schlange Ausschau halten und die im Stau nervös auf das Lenkrad trommeln und schimpfen? Gehören Sie zu denen, die es partout nicht ausstehen können, wenn sie länger als fünf Minuten irgendwo warten müssen? Oder gelingt es Ihnen, Wartezeiten entspannt zu überstehen, Ihren Gedanken nachzuhängen, Kraft zu tanken oder die Zeitfenster sinnvoll zu nutzen, die ungewollt entstehen? Also, wie sieht es mit Ihrer Geduld aus? Was bedeutet überhaupt geduldig sein?

ACHTSAMKEITS-ÜBUNG: KLEINER GEDULDS-TEST

1. Stellen oder setzen Sie sich an einen ruhigen Ort. Stellen Sie Ihren Timer oder eine andere Uhr auf 1 Minute ein.
2. Schließen Sie die Augen und zählen Sie die Sekunden von 60 herunter.
3. Wer war schneller? Die Stoppuhr oder Sie oder sind Sie sogar zur gleichen Zeit bei Null angekommen?

Diese Übung zeigt uns, wie schnelllebig unsere Zeit ist. Kam Ihnen die Zeit recht lange vor? Es war nur eine Minute! Diese Übung nutze ich gerne als Flucht im Alltag. Sich kurz Zeit nehmen, sich zu besinnen, das hilft dem Stress und der Anspannung entgegenzuwirken. Es ist Ihre persönliche Insel im Meer des Treibens!

WAS IST GEDULD?

Geduld bezeichnet die Fähigkeit oder Bereitschaft, etwas ruhig und beherrscht abzuwarten oder zu ertragen. (Duden)

Durch Kinder lernen wir Erwachsenen zwangsläufig Geduld. Manchmal ist es für uns Erwachsene eine Herausforderung, geduldig zu sein. Ihr Kind zieht sich in aller Seelenruhe morgens an. Nachdem es ein Kleidungsstück angezogen hat, spielt es in seinem Zimmer, ihm fällt ständig etwas Neues ein und der Pulli und die Hose werden einfach vergessen. Besonders, wenn Sie selbst Termindruck haben und zu einem bestimmten Zeitpunkt irgendwo sein sollen, fällt es besonders schwer, nicht zu hetzen.

Wie geduldig ist mein Kind?

„Das Gras wächst nicht schneller, wenn man daran zieht."

Afrikanisches Sprichwort

Kinder kennen noch kein Leben außerhalb des Hier und Jetzt. Sie haben alle Zeit der Welt, aber keine Geduld. Sie können noch nicht zwischen gestern, heute und morgen unterscheiden. Begriffe wie bald, gleich, übermorgen haben für Sie keine Bedeutung. Dies macht das Leben mit Ihnen manchmal schwierig. Sie kennen alle Fragen wie:

- Wie lange dauert die Autofahrt?
- Wann sind wir endlich da?
- Wie lange telefonierst du noch?
- Wann habe ich Geburtstag?
- Wie lange dauert es noch, bis Oma uns besucht?
- Wann darf ich meine Lieblingssendung schauen?

Wenn Sie auf diese Fragen mit einer konkreten Zeitangabe antworten, wird dies wenig nützen. Ihr Kind hat bis zu seinem sechsten Lebensjahr noch kein Gefühl für konkrete Zeitangaben und kann mit diesen Angaben nichts anfangen. Manchmal treiben uns diese Fragen zur Weißglut und wir können nicht nachvollziehen, dass unsere lieben Kleinen sich nicht mit unserer Antwort zufrieden geben. Doch Sie verstehen die Antwort noch nicht. Stellen Sie sich vor, jemand spricht in einer Ihnen unbekannten Sprache mit Ihnen. So geht es unseren Kindern, wenn wir ihnen sagen: Es dauert noch drei Stunden oder ich komme in 30 Minuten heim. Zeit ist für unsere Kleinen noch kein Begriff.

Wann entwickeln Kinder ein Gefühl für Zeit?

Mit etwa 6 Monaten bekommen Babys einen vagen Begriff von Abläufen im Alltag. Durch sich ständig wiederholende Abfolgen erfassen sie zeitliche Zusammenhänge. Sie merken zum Beispiel, dass jemand kommt und ihnen die Flasche gibt, wenn sie schreien. Sie spüren das Gefühl der Kälte auf der Haut und das wohlige Gefühl des warmen Wasser beim Baden. Sie erleben Rituale: Wenn Papa beispielsweise abends singt und es dunkel ist, wird geschlafen. Kinder in diesem Alter erkennen dies nicht bewusst, es hilft ihnen jedoch, Ihren Alltag zu strukturieren. Deshalb ist es wichtig, Ihrem Kind durch Routineabläufe Struktur zu geben. Durch sich ständig wiederholende Abläufe im Alltag bekommt es Sicherheit.

Mit einem Jahr können sich Kinder schon die Reihenfolge einzelner Handlungen merken und bestehen manchmal sogar auf einem exakten Ablauf. Durch immer wiederkehrende Schritte, die die Kinder kennen und verinnerlicht haben, lernen Sie langsam Geduld. Sie warten nämlich auf den nächsten Schritt. Wenn Sie wissen, dass nach dem Gang in die Küche das Klappern von Geschirr zu hören ist, wissen Sie auch, dass das Essen nicht mehr weit ist. An diesen kleinen Schritten orientieren Sie sich und warten kurz.

Rituale strukturieren den Tag

Kinder mögen keine Planänderungen. Die Änderung von Abläufen verunsichert sie. Dies können Sie sehr schön bei Abendritualen beobachten. Wenn Sie etwas jeden Abend wiederholen und plötzlich vom Plan abweichen, da Sie eingeladen sind oder die Oma Ihre Kleinen zu Bett bringt, bestehen Kinder oft auf einen korrekten Ablauf. Abweichungen führen zu Enttäuschung und die Kinder werden ihren Unmut deutlich zum Ausdruck bringen.

Als unser Sohn zwei Jahre alt war, sang mein Mann oft mit ihm vor dem Einschlafen Lieder. Ein Liedtext lautete: „Auf dem Dach die Taube, macht guru, guru, und im Stall die Kühe machen jetzt die Äuglein zu. Die Katze macht miau, der Hund, wau, wau …" Statt wau, wau – sang mein Mann irgendwann: „die Sau". Dem Kleinen gefiel es und er lachte laut. Es gehörte ab sofort zum „Männerritual", dass das Lied nur noch so gesungen wurde. Als mein Mann irgendwann wieder den richtigen Text sang, protestierte unser Sohn laut. Zum Gesangsritual gehörte jetzt „die Sau".

Geduld kann man lernen

! TIPP: KINDER KÖNNEN WARTEZEIT VERSTEHEN

Sie können Ihr Kind in der Geduldsentwicklung unterstützen, indem Sie ihm genau beschreiben, was Sie jetzt tun. „Ich gehe jetzt in die Küche und schneide dir dein Obst. Jetzt hole ich den Teller aus dem Schrank, lege das Obst für dich darauf und dann kannst du essen."

Durch die konkrete Beschreibung bekommt es Sicherheit und ein Gefühl dafür, dass sein Bedürfnis nach Essen befriedigt wird. Kinder brauchen konkrete und verlässliche Angaben, die sie nachvollziehen können.

Mit zwei Jahren haben Kinder eine vage Vorstellung von Vergangenheit und Zukunft. Sie entwickeln in dieser Zeit das eigene Ich und entdecken, dass sie schon vorher da waren und auch später noch da sein werden. Sie erkennen auch, dass ihr Umfeld jetzt da ist und später wieder kommt. Papa oder Mama bringen sie nach dem Frühstück in die Kita, gehen zur Arbeit und holen sie nach dem Mittagsschlaf in der Kita wieder ab. Sie bekommen ein erstes Gefühl, dass Zeit etwas ausgedehnter ist als Hier und Jetzt. Sie haben aber noch keinen Zeitbegriff. Sie differenzieren lediglich, ob etwas schon war oder noch kommt.

Mit drei Jahren können Sie bei Ihrem Kind erste Tendenzen von Geduld erkennen. Es kann seine Bedürfnisse kurz zurück stellen und warten bis seine Wünsche erfüllt werden, es braucht dabei aber noch Ablenkung. Um das vierte Lebensjahr entwickelt sich das Einfühlungsvermögen (siehe Seite 56) und Ihr Kind erkennt, dass auch andere Menschen Bedürfnisse haben. Es kann verstehen, dass es warten muss und kann seine Wünsche zurückstellen. Das heißt aber nicht, dass es dies auch immer tut. Kinder können sehr egoistisch sein. Wenn sie wollen, dass ihre Wünsche erfüllt werden, sind ihnen die Bedürfnisse der anderen egal. Dies ist ja auch bei manchen Erwachsenen so.

Yvonne macht mit ihrer Tochter Klara im Park einen Spaziergang. Ihr Ziel ist der Spielplatz am See. Auf dem Weg dorthin treffen sie eine ehemalige Arbeitskollegin. Yvonne freut sich sehr über die Begegnung und tauscht sich intensiv aus. Klara wird dies zu langweilig. Sie möchte weitergehen. Sie versucht ihrer Mutter ins Wort zu fallen, ruft ständig nach ihr.

Yvonne sagt ihr, dass Sie sich gerne unterhalten möchte und bittet sie, nicht dazwischenzureden. Dies hilft allerdings nichts. Klara springt wild umher, singt extrem laut und fängt schließlich so laut an zu quengeln, dass Yvonne sichtlich genervt das Gespräch mit ihrer Kollegin beendet und mit Klara zum Spielplatz geht.

Solche Situationen stellen unsere Geduld auf eine harte Probe. Klara weiß in dieser Situation genau, welche Knöpfe sie bei Yvonne drücken muss, um ihren Willen zu bekommen. Sie kann oder will nicht geduldig sein und somit versucht sie Yvonne dazu zu bringen, ihre Bedürfnisse zu befriedigen, und zwar mit allen ihr zur Verfügung stehenden Mitteln.

Je nach Alter Ihres Kindes sollten Sie in solchen Fällen sehr konsequent sein. Denn spätestens ab dem vierten Lebensjahr versteht ihr Kind, dass auch Sie Wünsche und Bedürfnisse haben. Es muss lernen, nicht immer im Mittelpunkt zu stehen und auch Ihre Wünsche respektieren.

Geduldsteine

Ihr Kind lernt noch. Um ihm diesen Lernprozess zu versüßen, dürfen Sie auch gerne mit Belohnungssystemen arbeiten. Für ein kleines Kind ist es anfänglich schwer, alleine zu spielen und die Mama in Ruhe telefonieren zu lassen. Wenn es dies geschafft hat, hat es sich eine Belohnung verdient. Wie die Belohnung aussieht, entscheiden Sie. Das muss nichts Großes und Wertvolles sein. Am meisten freuen sich Kinder über Aufmerksamkeit und Zeit. Geld, Spielsachen oder Süßigkeiten als Belohnung sind eher nicht geeignet. Wenn wir mit gemeinsam verbrachter Zeit belohnen, belohnt uns das alle.

! TIPP: GEDULDSTEINE ALS BELOHNUNG

- Besorgen Sie kleine Glassteine oder Glasmurmeln. Das sind die Geduldsteine.
- Erklären Sie Ihrem Kind, dass es immer einen Geduldstein bekommt, wenn es geduldig war.
- Legen Sie Situationen fest, für die Ihr Kind Geduldsteine bekommt. Dies können alle möglichen Situationen aus Ihrem Alltag sein, in denen Sie Zeit für sich oder für Ihr anderes Kind benötigen. Achten Sie bitte darauf, wie alt Ihr Kind ist und was Sie von Ihm erwarten können. Hier ein paar Beispiele, für die es Geduldsteine geben könnte:
  - Wenn Mama morgens das Baby stillt und wickelt.
  - Wenn du nicht dazwischen redest, wenn wir sprechen.
  - Wenn Papa morgens unter der Dusche steht und sich fertig macht.
  - Wenn wir Hausarbeit erledigen.
- Schafft es Ihr Kind, geduldig zu sein und sich selbst zu beschäftigen, hat es eine Belohnung verdient. Diese Belohnung legen Sie vorher gemeinsam fest.
  - 3 Geduldsteine: Wir spielen 20 Minuten Fußball.
  - 6 Geduldsteine: Wir besuchen deinen Freund.
  - 10 Geduldsteine: Wir gehen gemeinsam in den Zoo.
- Ihr Kind wird Spaß daran entwickeln, Geduldsteine zu sammeln und diese einzulösen. Sie können ihm noch ein kleines Schatzkästchen geben, in dem es seine Geduldsteine sammeln kann.

Der Marshmallow-Test

Zum Thema Geduld gibt es einen interessanten Test, den Marshmallow-Test von Walter Mischel. Er ist Persönlichkeitspsychologe und führte zwischen 1968 und 1974 mit 4-jährigen Kindern einen Test durch. Die Kinder saßen alleine in einem Raum und bekamen ihre Lieblingsspeise, zum Beispiel ein Marshmallow, vor sich auf einen Teller gestellt. Der Versuchsleiter sagte den Kindern, dass er den Raum verlassen würde und sie ihn jederzeit durch das Betätigen einer Glocke zurückrufen könnten. Dann dürften sie den Marshmallow essen. Betätigten Sie die Glocke nicht und warteten bis der Versuchsleiter von selbst zurückkam, bekamen Sie einen zweiten Marshmallow dazu. Ihre Geduld wurde also belohnt. Die Ergebnisse waren verblüffend. Die Kinder, die mehr Geduld bewiesen und warteten, zeigten sich als Heranwachsende im schulischen und im sozialen Bereich kompetenter und konnten besser mit Stress und Frustration umgehen.

Bis heute wurde der Test noch häufig wiederholt und er zeigt auf, dass Kinder die Fähigkeit, geduldig zu warten, erst mit dem vierten Lebensjahr erwerben. Sie scheinen abzuwägen, ob es sich lohnt, zu warten, mit der Aussicht auf eine Belohnung, oder ob sie der Versuchung erliegen und sofort genießen. Der Versuch wurde übrigens auch mit 3-jährigen Kindern gemacht. Sie aßen die Marshmallows gleich auf.

Zeitangaben, die Kinder verstehen

Sie müssen ein wichtiges Gespräch mit Ihrer Autoversicherung führen und erklären Ihrem 4-jährigen Sohn, dass Sie kurz telefonieren müssen und er mit seinen Autos spielen soll. Dies funktioniert auch ganz gut.

Das Gespräch dauert jedoch länger und nach zehn Minuten wird er ungeduldig. Er kommt zu ihnen gelaufen und sagt, dass er Hunger hat. Sie geben ihm durch Zeichensprache zu verstehen, dass er bitte leise sein soll und geben ihm eine Banane. Ihre Konzentration leidet jedoch darunter und Sie bitten die Sachbearbeiterin, den Sachverhalt noch einmal zu beschreiben. Das Gespräch zieht sich in die Länge.

Plötzlich hören Sie einen Knall aus dem Zimmer Ihres Sohnes. Er steht am Fenster und wirft durch das gekippte Fenster seine Autos auf die Straße. Sie zerren ihn vom Fenster weg, werfen ihm einen bösen Blick zu, versuchen sich weiter auf das Gespräch zu konzentrieren und sind am Ende völlig genervt. „Ich kann keine 20 Minuten in Ruhe telefonieren!"

Ihr Ärger ist völlig verständlich. Sie brauchen Ruhe um wichtige Dinge zu erledigen und sich auf eine Sache zu konzentrieren. Ihr Kind kann dies jedoch nicht immer nachvollziehen. Aus seiner Sicht hat es alleine in seinem Zimmer gespielt und als es ihm langweilig wurde oder das Gespräch ihm zu lange gedauert hat, hat es sich in Erinnerung gebracht.

Hier liegt ein klarer Interessenskonflikt vor. Sie haben den Wunsch nach Ruhe und Ihr Kind hat den Wunsch nach Aufmerksamkeit. Solche Situationen gibt es häufig. Die Bedürfnisse sind dann einfach grundverschieden. Es wird noch schwieriger, wenn Sie die Bedürfnisse von mehreren Kindern unterschiedlichen Alters und Ihre eigenen unter einen Hut bringen wollen. Je nach Alter der Kinder sind die Wünsche so konträr, dass dies nicht möglich scheint und Sie möchten ja auch nicht ständig zu einem Kind sagen: „Warte kurz, es dauert noch ein paar Minuten, zuerst wickle ich deine Schwester." Irgendwie muss sich immer einer zurücknehmen. Das ist auch völlig in Ordnung, wenn es sich die Waage hält. Kinder können auch dies lernen.

Es ist jedoch wichtig, dass Sie Ihrem Kind kindgerecht vermitteln, wie lange es warten soll, oder wie lange etwas dauert. Es hat sein eigenes Zeitsystem mit den Abläufen die gerade sein Leben prägen im Kopf. Bedenken Sie bitte, dass Ihr Kind mit Ihren Zeitbegriffen noch nicht umgehen kann. Begriffe wie kurz, zehn Minuten, später oder gleich sind sehr unpräzise und abstrakt für es. Sie arbeiten besser mit konkreten Anhaltspunkten, die ihm etwas bedeuten. Machen Sie Zeitangaben mit Fixpunkten, die Ihr Kind kennt und die sich in seinem Leben wiederholen.

Folgende Zeitangaben kann ihr Kind verstehen:

- Noch zweimal schlafen
- So lange, wie deine Lieblings-CD läuft.
- Zuerst kommt der Osterhase, erst danach hast du Geburtstag.
- Du gehst noch dreimal in die Kita, dann fahren wir in die Ferien.
- Nach dem Mittagsschlaf gehen wir in den Zoo.
- So lange, wie der Weg zur Oma dauert.

Ein Kalender für Kinder

Um Ihrem Kind die Wartezeit auf ein bestimmtes Ereignis zu verkürzen, können Sie mit ihm auch einen Kalender basteln. Es ist ein besonderer, kindgerechter Kalender, den es sicherlich verstehen wird. Es muss nicht täglich fragen, sondern kann selbst sehen, wie viele Male es noch aufstehen und zu Bett gehen muss, bevor das Ereignis eintritt.

! **TIPP: DURCHSTREICH-KALENDER**

Basteln Sie mit Ihrem Kind einen Kalender, den es versteht. Es freut sich zum Beispiel sehr auf den Besuch der Großmutter, die in einer Woche anreist. Diese Zeitangabe ist natürlich sehr lange für ein Kind. Deshalb bekommt es seinen eigenen Kalender.

1. Nehmen Sie ein Blatt im Querformat und schreiben darüber „Oma kommt". Ihr Kind kann es noch mit einer passenden Zeichnung versehen.
2. Teilen Sie das Blatt in sieben gleich große Kästchen ein. Das sind die sieben Tage bis die Großmutter kommt.
3. Malen Sie in jedes Kästchen eine Sonne für den Start in den Tag und abends einen Mond für die Nacht.
4. Morgens nach dem Aufstehen, darf Ihr Kind die Sonne durchstreichen und abends beim Zubettgehen den Mond. So sieht es selbst, wie die Tage verstreichen und es bemerkt, dass es immer weniger Sonnen und Monde sind, bis Oma kommt.

Warum Eltern zuverlässig sein müssen

Damit Ihr Kind Geduld lernen kann, braucht es Vorbilder und Zuverlässigkeit. Es nützt wenig, wenn Sie ihm sagen, dass Sie nach dem Mittagsschlaf in den Zoo gehen und Ihnen dann einfällt, dass sie vielleicht vorher noch ins Einkaufzentrum müssen oder im Baumarkt vorbeischauen wollen. Das mag für Sie vielleicht keine große Bedeutung haben, denn auf dem Weg zum Zoo fahren Sie ja am Einkaufszentrum vorbei. Ihr Kind registriert jedoch, dass Sie sich nicht an Zusagen halten. Sie haben gesagt, dass Sie nach dem Mittagsschlaf in den Zoo gehen und das tun Sie jetzt nicht. Kinder sind in solchen Dingen sehr sensibel und feinfühlig. Deshalb ist es wichtig, dass die Zusagen, die Sie machen, auch eingehalten werden.

Sebastian ist in der ersten Klasse und besucht nach der Schule die Nachmittagsbetreuung. Morgens sagen seine Eltern ihm immer, wann sie ihn mittags abholen werden.

„Nach dem Mittagessen wirst du abgeholt" oder „nach der Spieleinheit komme ich." Dies klappt immer gut.

An einem Morgen sprechen sie beim Frühstück darüber, dass der Vater Sebastian nach einem dienstlichen Termin abholt. „Sobald der Termin zu Ende ist, komme ich vorbei. Eine genaue Zeit kann ich dir leider nicht sagen."

Als der Vater nachmittags in der Schule ankommt, ist Sebastian ganz aufgelöst. „Ihr habt mich vergessen, ich warte schon so lange!" Er ist durcheinander und spricht noch Tage später von diesem Ereignis.

Was war passiert? Die Eltern hatten Sebastian diese Ausnahmesituation nicht gut genug erklärt. Besser hätten sie gesagt: „Nach der Obstmahlzeit kommt Papa vorbei, weil er länger arbeiten muss." Oder „Papa kommt später, nämlich erst, wenn ihr schon aufräumt."

Ich komme gleich – wirklich?

„Ungeduld entsteht dann, wenn eine Erwartung nicht der Realität entspricht."

Kai Rurainski

Sie merken, so schnell misst Ihr Kind Sie an Ihren Aussagen. In diesem Fall waren die Angaben der Eltern nicht konkret genug. Sie haben den Zeitpunkt des Abholens nicht an einem Ereignis festgemacht, das ihr Kind nachvollziehen konnte. Gerade, weil sie sonst sehr zuverlässig waren, hat diese genaue Angabe in oben genannter Situation gefehlt und ihren Sohn verunsichert. Das soll nicht heißen, dass Sie sich abhetzen müssen, damit Ihr Kind keine Minute wartet. Auch das gehört zum Erlernen der Geduld dazu. Sie sollen nur keine Versprechungen oder Zusagen machen, die Sie nicht einhalten können. Wenn es um Abholzeiten in der Kita oder Schule geht, planen Sie besser Puffer ein. Dann freut sich Ihr Kind umso mehr, wenn Sie früher kommen und Sie brauchen nicht zu rennen.

Gerade den Begriff „gleich" verwenden wir sehr häufig, ohne es so zu meinen. „Ich komme gleich." „Gleich gehen wir spazieren." „Gleich beginnt das Sandmännchen." Doch wie definieren Sie gleich? Ist es eine Minute, sind es zehn Minuten oder sogar 30 Minuten? Der Begriff ist sehr vage und unkonkret. Wenn Sie zu Ihrem Kind „gleich" sagen, sollte der Zeitrahmen maximal drei Minuten beinhalten. Auch wenn es manchmal schwerfällt, ist es wichtig, sich selbst dazu zu „erziehen". Ihr Kind kann keine Viertelstunde warten, wenn Sie „gleich" sagen.

! **TIPP: EINE SANDUHR AUFSTELLEN**

Solange Ihr Kind die Uhrzeit noch nicht kennt, können Sie eine kleine Sanduhr aufstellen. Es gibt viele schöne Sanduhren mit unterschiedlichen Laufzeiten. Damit können Kinder sehr gut „Geduld üben".

Schätzen Sie den Zeitrahmen ab, den Sie benötigen, erklären Sie Ihrem Kind, warum Sie die Zeit brauchen und sagen Sie ihm genau wie viel Zeit Sie brauchen. „Du darfst die Uhr dreimal umdrehen, dann bin ich fertig mit der Bügelwäsche. Solange die Uhr läuft, spielst du bitte alleine."

So kann Ihr Kind nachvollziehen, wofür Sie Zeit brauchen und fühlt sich nicht abgeschoben oder zurückgesetzt. Dies heißt noch nicht, dass das auch sofort funktioniert. Es ist, wie alles andere auch, ein Lernprozess.

Frühaufsteher und Langschläfer

Ist Ihr Kind eine Lerche und steht gerne früh auf oder ist es eher eine Eule und schläft gerne lange? Kinder haben da ihren eigenen Rhythmus, der meistens von den Eltern abweicht. Das kann sehr anstrengend werden, denn lange Abende im Freundeskreis und der Wunsch einfach einmal auszuschlafen, passen nicht gut zu Frühaufstehern, die das Haus schon um sieben Uhr mit Leben füllen.

Wenn das Kind frohgelaunt am Sonntagmorgen um halb sechs ein Liedchen trällert, dann atmet so mancher „Eltern-Morgenmuffel“ kraftvoll durch und versucht mehr oder weniger erfolgreich sein Kind für das Weiterschlafen zu begeistern. Das Kind sieht dies nicht ein, denn zehn Stunden Schlummern haben ihm logischerweise gereicht. Das sind dann die Elternprüfungen der besonderen Art.

Anstrengend ist auch, wenn Ihr Kind in den Kindergarten oder in die Schule muss und ihm einfällt, dass es entgegen seiner sonstigen Gewohnheit doch lieber noch schlafen will. Dann geraten Sie an Ihre Grenzen, was völlig normal ist. In solchen Momenten gelassen und achtsam zu bleiben, fällt manchmal schwer. Deshalb sollten Sie im Vorfeld in einer ruhigen Minute darüber nachdenken, wie Sie mit den Schlafgewohnheiten Ihres Kindes umgehen und wie Sie gute, tragfähige Kompromisse für Eltern und Kind finden. Da ist es völlig in Ordnung, wenn Ihr Kind morgens auch mal Fernsehen schauen darf. Das ist immer eine Frage der Auswahl und der Dosierung. Gute Erfahrungen haben wir übrigens mit Hörspielen gemacht. Sie fördern die Fantasie Ihres Kindes und sind ausgezeichnete „Schlafverlängerer“.

Unser Sohn ist ein Frühaufsteher. Er hat nie lange geschlafen. Irgendwann entwickelte er eine Marotte. Er musste gegen 5 Uhr zur Toilette und sagte sich dann, dass es Morgen wäre und er jetzt aufsteht. Wir konnten ihn nicht mehr zum Einschlafen überreden. Die Folge davon war, dass er abends schon sehr früh müde war. Eine Lösung musste her. Wir haben eine Uhr in sein Zimmer gehängt und ihm gesagt, dass der Tag erst um 7 Uhr beginnt und wir vorher nicht aufstehen. Künftig wurde er immer noch gegen 5 Uhr wach, ging zur Toilette, legte sich dann wieder hin und schlief ein. Der Tag hatte ja noch nicht begonnen.

Gerade wenn Kinder die Uhr noch nicht kennen, ist es schwierig Ihnen zu sagen, wann sie aufstehen dürfen oder sollen. Im Winter funktioniert es ganz gut, wenn Sie sagen: „Du stehst bitte erst auf, wenn es hell ist." Im Sommer können Sie sagen: „Erst wenn die Vögel zwitschern, stehen wir auf." Um die ganze Sache zu vereinfachen, können Sie auch eine Aufsteh-Uhr basteln. Damit kann man besser den Bedürfnissen aller gerecht werden. Sie können die Uhr natürlich nach Ihrem Bedarf gestalten. Dadurch lernt Ihr Kind spielerisch die Zeit beziehungsweise Zeitpunkte, die für die Familie wichtig sind.

! TIPP: AUFSTEH-UHR

1. Kaufen Sie eine günstige Wanduhr mit Zeigern.
2. Schrauben Sie die Uhr auf und gestalten Sie das Zifferblatt mit wasserfesten Stiften und Aufklebern nach Ihren Bedürfnissen.
3. An die Ziffer 7 und die Ziffer 12 kann man je einen Sonnenaufgang malen. So weiß das Kind: Wenn beide Zeiger auf einem Sonnenaufgang stehen, darf ich aufstehen und die anderen wecken.

Manche Eltern nutzen die Uhr auch um die Fernsehzeit einzuschränken oder Mittagsruhezeit zu definieren. Sie legen dann einfach einen Zeitraum mit Symbolen fest, zum Beispiel eine Stunde, mit den zwei Uhrzeigern und den Symbolen. So sieht ihr Kind genau, in welcher Zeit es sich ausruhen soll oder Fernsehen darf. Durch die Aufsteh-Uhr bekommt ihr Kind eine klare Struktur, an die es sich halten kann. Daraus wird schnell ein Ritual.

Kleine Tyrannen warten nicht

Wenn Ihr Kind alleine in seinem Zimmer spielt oder ein schönes Bild am Wohnzimmertisch malt, während Sie kochen, oder entspannt puzzelt, einfach im Garten sitzt und Vögel beobachtet, sind Sie schon einen großen Schritt weiter. Es hat gelernt, sich mit sich selbst zu beschäftigen. Vielleicht ist ihm zuerst sogar ein wenig langweilig, doch dann wird bestimmt seine Kreativität geweckt, es entwickelt eigene Alternativen oder macht einfach mal gar nichts. Es ist ein wichtiger Lernprozess, sich auch zurücknehmen und mit sich selbst beschäftigen zu können.

Dies tut auch Ihrem Kind gut. Geduld ist auch ein Schritt in Richtung Achtsamkeit. Am Anfang des Buchs habe ich geschrieben, dass Kinder grundsätzlich achtsam durchs Leben gehen. Dies tun sie auch. Das heißt aber nicht, dass Sie von Geburt an geduldig sind. Ganz im Gegenteil. Sie genießen die volle Aufmerksamkeit. Jeder bewundert das Baby, findet es goldig, süß und niedlich und schließt es sofort in sein Herz. Dafür hat Mutter Natur gesorgt, dies ist wundervoll und so soll es sein.

Doch es werden Situationen im Leben Ihres Kindes kommen, in denen es zurückstecken muss und seinen Willen nicht bekommen wird. Auf diese können Sie es als Eltern liebevoll vorbereiten, indem

Sie Ihm vorleben, dass ein achtsames Zusammenleben immer auch ein Geben und Nehmen aller Beteiligten ist.

Stefan und Anna wünschten sich viele Jahre Kinder. Als sie die Hoffnung schon aufgegeben hatten, bekamen sie einen Sohn. Er war das einzige Kind und Enkelkind in der Familie. Eltern, Großeltern, Onkel und Tanten waren überglücklich und lasen dem Kind jeden Wunsch von den Augen ab. Sobald er einen Wunsch äußerte, bekam er diesen erfüllt.

Dies machte sich irgendwann auch negativ bemerkbar. Er bekam nie Grenzen aufgezeigt und glaubte, dass er alles bestimmen könnte und die Welt ihm zu Füßen lag. Unterhaltungen auf Festen waren nicht möglich, da er jedem sofort ins Wort fiel oder sich in den Mittelpunkt drängte, wenn er nicht beachtet wurde. Dies war sehr anstrengend. Die Eltern hatten jedoch immer eine Ausrede für das Verhalten ihres Sohnes parat und spielten die Situationen herunter.

Vielleicht kennen Sie solche Kinder auch. Ein Zusammensein mit ihnen zehrt an den Nerven. Es macht nicht wirklich Spaß, wenn eine ganze Gruppe Erwachsener nach der Pfeife eines Kindes tanzen muss. Die Betroffenen merken es meist erst, wenn es zu spät ist.

Natürlich ist es für ein Kind im ersten Augenblick toll, wenn seine Wünsche erfüllt werden und es kein Nein zu hören bekommt, doch auf Dauer schadet dies mehr als es nützt. Zur Entwicklung eines Kindes gehört, dass es seine Grenzen auslotet und sich ausprobiert. Dafür muss es aber auch Grenzen haben und diese kennen. Es ist natürlich, dass es testet, was passiert, wenn es eine Grenze überschreitet und sich nicht an Regeln hält. Es muss aber auch die Konsequenz seines Handelns erfahren.

Genauso verhält es sich umgekehrt. Wenn Ihr Kind zeigt, dass es sich an Regeln hält und geduldig ist, sollte dies auch belohnt werden. Schließlich ist das keine Selbstverständlichkeit, sondern ein

Ergebnis davon, dass sich Ihr Kind bemüht, Rücksicht zu nehmen, auch mal zu warten oder Ihnen zu helfen.

Langeweile ist gut

Felix ist nach der Schule ziemlich überdreht. Seine Mutter schickt ihn in den Garten, damit er sich etwas abreagieren kann. Leider ist der Nachbarjunge, der sonst immer mit Felix spielt, nicht da und Felix möchte unbedingt wieder ins Haus, um mit seinem Tablet zu spielen.

Doch seine Mutter bleibt unnachgiebig. Felix setzt sich auf die Wiese und schmollt. Als seine Mutter eine halbe Stunde später noch einmal nach Felix sieht, kann sie es kaum fassen. Ihr neunjähriger Sohn liegt in der Wiese und schaut Richtung Himmel. Dabei spricht er leise. Als sie fragt, was denn los sei, antwortet Felix: „Mir fallen gerade viele Dinge ein, die ich machen könnte. Ich baue jetzt ein Floß aus Holz.“ Schon macht er sich an die Arbeit und sucht Holz, Stöcke und Nägel zusammen.

Natürlich wird es Kindern auch mal langweilig. Aber nur, wenn Sie dafür Zeit haben, wenn Sie gezwungen sind, sich alleine zu beschäftigen. Manchmal versuchen Eltern ihren Kindern Langeweile zu ersparen. Sie bespaßen sie von früh bis spät, laden Freunde ein, besuchen Veranstaltungen, spielen selbst ständig mit Ihnen. Aber was ist so schlecht an Langeweile?

Meist wollen Eltern vermeiden, dass Ihr Kind sich langweilt. Sie haben ein schlechtes Gewissen, ihr Kind nicht ausreichend zu fördern oder ihm keine Möglichkeiten zu bieten. Dadurch geraten Sie unter Druck und brennen ein Feuerwerk der Aktivitäten ab. Dies tut dem Kind jedoch nicht gut. Wenn es Geduld entwickeln will, gehört Langeweile zwangsläufig dazu. Es ist wichtig, dieses Gefühl des Nichtstuns auszuhalten und sich damit auseinanderzusetzen. Im

Zustand der Langeweile beginnt das Kind, sich mit sich zu beschäftigen und sich zu hinterfragen. „Was könnte ich tun? Worauf habe ich Lust? Was macht mir Spaß?“ Nur dadurch kann es eigene Ideen entwickeln.

Sie alle kennen den Begriff Helikopter-Eltern. Ständig kreisen sie über ihren Kindern, versuchen ihnen alles abzunehmen und sie zu beschützen. Wenn ihnen langweilig ist, stehen Mama und Papa bereit und bieten ihnen ein Programm. Damit berauben Sie aber ihr Kind einer wertvollen Erfahrung.

Kreativität braucht Freiraum

Natürlich ist es auch eine Geduldsprobe für Sie, wenn Ihr Kind ständig äußert, dass ihm langweilig ist und es nicht weiß, was es machen soll. Treten Sie bitte nicht in die Falle, bieten Sie ihm keine Alternativen an. Es wird sie selbst entwickeln, vertrauen Sie darauf. Aus der Langeweile heraus entstehen so schöne Dinge, es lohnt sich dies auszuhalten. Das wird auch die schönste Belohnung für Ihr Kind sein.

Auch Erwachsene sind oft ungeduldig, wenn sie morgens im Stau stehen, trommeln sie nervös aufs Lenkrad, im Supermarkt versuchen sie die effizienteste Kasse zu erwischen, sie warten ungeduldig auf die nächste Beförderung. Es gibt viele Beispiele, dass es Erwachsenen auch manchmal an Geduld fehlt. Mit der Geduld ist es nicht ganz so einfach. Es ist schwer sie zu erlernen, doch wenn wir es geschafft haben, geduldig auf etwas zu warten, werden wir belohnt. Denn der Weg ist ja bekanntlich das Ziel. Diesen Weg sollten wir mit voller Aufmerksamkeit und Achtsamkeit gehen.

Es gibt eine wundervolle Geschichte von Heinrich Spoerl, die zeigt, wie schön es sein kann, auf etwas zu warten und den Augenblick zu genießen. Die Geschichte heißt „Der Bauer, der nicht warten konnte“ und handelt von einem jungen Mann, der sich auf den Weg macht, um seine Liebste zu treffen: Der Mann erscheint viel zu früh am vereinbarten Treffpunkt und ärgert sich darüber, dass er nun auf sie warten muss. Ungeduldig sitzt er dort und ärgert sich so sehr darüber, dass er auf seine Liebste warten muss, dass er nicht einmal das schöne Wetter und die prächtige Natur um sich herum bemerkt. Da kommt ein graues Männlein zu ihm und schenkt ihm einen Zauberknopf, an dem er nur drehen muss, um lästige Wartezeiten zu überspringen und direkt zu den schönsten Zeitpunkten des Lebens zu gelangen. Also dreht der junge Mann an dem Knopf und vor ihm steht seine Liebste, die ihn anlacht. Er dreht erneut an dem Knopf und befindet sich direkt bei ihrer gemeinsamen Hochzeit. Doch er bleibt ungeduldig und möchte möglichst schnell zu den nächsten Erlebnissen in seinem Leben gelangen. Der Mann dreht immer weiter und weiter an dem Knopf bis er – sein Leben verging scheinbar wie im Flug – ein alter Mann ist und sich im Sterbebett wiederfindet. Erst hier wird ihm bewusst, dass sein Leben wie im Schnelldurchlauf an ihm vorbei gezogen ist. Dem Mann wird klar, dass ihm die Zeit des lästigen Wartens schmerzlich fehlt und seine Lebenszeit zu kurz war. Nun wünscht er sich die verlorene Zeit zurück.

Daher: Gönnen Sie Ihrem Kind diese „Wartezeiten“ und „Mir ist langweilig“-Momente. Ihr Kind wird es Ihnen danken – mit tollen Ideen und einer dicken Portion Kreativität.

ACHTSAME ELTERN – ACHTSAME KINDER

Nur wenn es den Eltern gut geht, können sie auch gut für ihre Kinder sorgen. Es nützt nichts, wenn Eltern sich aufopfern und dabei schlecht für sich selbst sorgen.

„Es gibt keine vernünftige Erziehung, als Vorbild zu sein, wenn's nicht anders geht, ein abschreckendes."

Albert Einstein

In den vorherigen Kapiteln habe ich viel über achtsame Kommunikation und achtsamen Umgang in der Familie geschrieben. Oftmals habe ich betont, dass Sie die Grundlage und der Maßstab für ein gutes Zusammenleben sind. Was Sie vorleben, wird Ihr Kind nachahmen und übernehmen, es lernt von Ihnen. Es imitiert Ihre Sprache, Ihre Verhaltensweisen, Ihre Werte und Ihre Einstellung gegenüber anderen Menschen. Natürlich gibt es auch noch andere Einflussfaktoren, die Ihr Kind prägen. Doch Sie sind sehr wichtig, wenn es darum geht, Ihrem Kind ein Bild von einem achtsamen, respektvollen Leben mitzugeben.

Was glauben Sie, sind Sie ein gutes Vorbild? Es geht hier nicht darum, alles richtig und perfekt zu machen. Es geht eher darum, dass Sie Ihr Kind voller Liebe und Vertrauen begleiten, ihm Halt und Sicherheit geben und für es da sind, wenn es Sie braucht. Jeder macht Fehler, niemand ist perfekt und das ist auch gut so. Gerade diese Nicht-Perfektion macht menschlich und liebenswert. Bleiben Sie sich treu und authentisch.

Lena hat einen sehr anstrengenden Tag hinter sich. Seit dem frühen Morgen hat sie schon Kopfschmerzen, verärgerte Kunden haben die Wut an ihr ausgelassen und zum Schluss bittet ihr Chef sie noch zum Gespräch.

Als sie Ihr Kind endlich aus der Kita abholt, würde sie sich am liebsten hinlegen. Dies ist aber nicht möglich. Denn jetzt beginnt ihr Zweitjob. Lenas Kind fordert ihre volle Aufmerksamkeit und will mit ihr spielen. Dies tut sie natürlich, denn wenn sie nur daran denkt, sich auszuruhen, plagt sie ihr schlechtes Gewissen. Ihr Kind braucht sie jetzt.

Solche Tage kennen wir alle. Wenn man den Spagat zwischen Familie, Haushalt, Beruf und eigenen Bedürfnissen schaffen will, bleibt das nicht aus. Immer kommt etwas zu kurz und meist sind Sie das. Sie nehmen sich zurück, um es den anderen Recht zu machen, und denken selten an das was Sie wollen. Auf Dauer tut das nicht gut. Sie werden unaufmerksam und spulen Ihr Programm ab. Das merkt Ihr Kind sofort. Es ist wichtiger, qualitativ hochwertige Zeit mit Ihrem Kind zu verbringen als viel Zeit mit wenig Präsens und Aufmerksamkeit. Außerdem überträgt sich Ihre Anspannung auf Ihr Kind. Kinder sind sehr feinfühlig und merken, wenn es Ihnen nicht gut geht, Sie nervös oder gestresst sind.

Deshalb geht es in den nächsten Kapiteln nur um Sie. Ich zeige Ihnen Techniken und Übungen, wie Sie achtsam und gelassen durchs Leben gehen. Ihre Ruhe und Gelassenheit werden sich auf Ihr Kind übertragen.

Mein Weg zu Gelassenheit und innerer Stärke – Zauberwort Resilienz

„Die größte Überraschung an der Resilienz ist das Gewöhnliche. Die Fähigkeit zu denken, zu lachen, zu hoffen, zu handeln, um Hilfe zu bitten, sie anzunehmen und dem Leben einen Sinn zu geben. Nur leider ist das Gewöhnliche eben oft nicht einfach!“

Dr. Ann Masten

Ein Fremdwort macht derzeit die Runde – Resilienz. Was verbirgt sich dahinter? Warum will jeder resilient sein? Was ist das Gute daran? Wie kann ich resilient werden?

WAS IST RESILIENZ?

„Resilienz ist die Widerstandsfähigkeit, die die Toleranz eines Systems gegenüber Störungen beschreibt.“ (Wikipedia)

Um zu verdeutlichen, worum es geht, stelle ich Ihnen zwei Frauen vor: Ilka und Anna.

Ilka, 41, Sekretärin ist berufstätig und alleinerziehend. Sie hat sich vor fünf Jahren mitten in der Bauphase ihres neuen Hauses von ihrem Ehemann getrennt. Sie hat zwei Kinder im Alter von acht und zehn Jahren und lebt mit ihnen und ihrem pflegebedürftigen Vater im neuen Haus. Ilka geht es gut, sie hat in den letzten Jahren viele Schicksalsschläge gemeistert, ist ein positiver Mensch und zufrieden.

Anna, 37, Buchhalterin, ist alleinerziehend und hat ein Kind. Seit vier Wochen ist sie krankgeschrieben. Sie musste wegen eines Wasserrohrbruchs ihre Wohnung räumen und lebt jetzt mit ihrer Tochter vorübergehend bei ihren Eltern. Die Situation belastet sie so sehr, dass sie sich derzeit nicht stabil genug fühlt, um zu arbeiten.

Was unterscheidet Ilka und Anna? Es ist die Resilienz, die jeweils persönliche innere Widerstandsfähigkeit. Manche Menschen sind von vornherein gut damit ausgestattet, andere weniger. Es kommt darauf an, in welcher Weise man mit anstrengenden Situationen und Rückschlägen umgeht. Doch die innere Stärke kann geweckt werden, denn in jeder Krise steckt bekanntlich auch eine Chance.

Stellen Sie sich folgendes Bild vor: Sie nehmen einen Schwamm in die Hand, einen ganz gewöhnlichen Küchenschwamm. Drücken Sie ihn fest, werfen Sie ihn gegen die Wand, trampeln Sie darauf herum, üben Sie richtig Druck aus. Und was passiert, wenn Sie den Schwamm wieder loslassen? Er hat seine Form verändert, doch nach kurzer Zeit sieht er wieder aus, wie vorher. Der ganze Druck hat ihm nicht die Fähigkeit genommen, seine ursprüngliche Form wieder anzunehmen.

Bei uns Menschen ist dies ähnlich. Wenn wir die Fähigkeit haben nach Rückschlägen optimistisch zu bleiben, nach Lösungen zu suchen und die Sinnhaftigkeit der Situation für uns zu erkennen, fällt es uns leichter mit schwierigen Situationen umzugehen. Mehr noch, wir können neue Kraft schöpfen.

Die 7 Säulen der Widerstandskraft

WAS UNSERE PSYCHISCHE WIDERSTANDSKRAFT STÄRKT

- Optimismus
- Akzeptanz
- Lösungsorientierung
- die Opferrolle verlassen
- Verantwortung übernehmen
- Netzwerke bilden
- Zukunftsplanung

Optimismus

Hiermit ist nicht gemeint, dass Sie mit Dauergrinsen durch die Gegend laufen und alles toll finden. Mit Optimismus ein Problem zu lösen heißt, sich dem Problem zu stellen und daran zu glauben, dass es funktionieren kann. Sich bewusst zu machen, dass die Krise überwunden werden kann und es wieder bessere Zeiten geben wird. Es heißt auch, an sich und seine Fähigkeiten zu glauben, in anstrengenden Situationen durchzuhalten, und zwar ohne die Freude am Leben zu verlieren.

Akzeptanz

Sie ist eine sehr bedeutende Säule zum Erlangen der inneren Widerstandskraft. Wichtig ist hier, der Situation ins Auge zu sehen, Umstände nicht zu verdrängen oder sie sich schönzureden. Viele Menschen umgehen diesen Punkt gerne und lassen sich selbst nicht genügend Zeit, die Krise zu durchleben. Wir dürfen auch mal leiden und traurig sein. Doch irgendwann sollte man aufhören zu hadern und ständig zu fragen, warum ausgerechnet einem selbst das jetzt passiert. Nur wenn wir die Situation annehmen, können wir den entscheidenden Schritt nach vorne machen.

Lösungsorientierung

Wenn Sie den Rückschlag akzeptieren und optimistisch damit umgehen, führt dies in die richtige Richtung. Sie verharren nicht bei dem Problem, sondern suchen Lösungen. Seien Sie kreativ, machen Sie ein Brainstorming und tragen Sie alles zusammen, was zur Lösungsfindung beiträgt. Egal wie abstrus es Ihnen im ersten Moment erscheint. Sie haben den richtigen Weg bereits im Blick!

Die Opferrolle verlassen

Wir lernen oft schon als Kinder, dass es einfach ist, in die Opferrolle zu schlüpfen. Ausreden wie: „Das war ich nicht. Die anderen sind so böse.“ Diese Rolle ist sehr bequem, hindert uns jedoch daran, eigenverantwortlich zu handeln. Wenn Sie sich in die Opferrolle begeben, werden Sie ganz schnell zum Spielball für andere. Besinnen Sie sich auf Ihre Stärken! Überlegen Sie, was Sie gut können und werden Sie aktiv!

Verantwortung übernehmen

Wenn Sie sich nicht mehr als Opfer sehen, fangen Sie automatisch an Verantwortung zu übernehmen. Wenn Sie einen Fehler machen, sind Sie sich der Konsequenzen bewusst. Sie stehen dafür gerade! Schieben Sie Ihr Versagen nicht auf andere. Nur Sie haben bei Niederlagen und Misserfolgen die Möglichkeit zu handeln und etwas zu verändern! Ein ganz wichtiger Punkt hierbei ist ins Tun zu kommen!

Netzwerke bilden

Eine besondere Komponente in schwierigen Situationen ist das soziale Umfeld. Es ist ganz wichtig, Menschen um sich zu haben, die Sie um Unterstützung bitten können. Menschen, die für Sie da sind, Ihnen zuhören und helfen. Ein Knackpunkt hierbei ist, sich die Unterstützung auch einzufordern. Keinem zur Last fallen zu wollen ist der falsche Ansatz. Gerade in Krisen brauchen Sie Hilfe von Menschen, denen Sie vertrauen. Es empfiehlt sich, Kontakte zu pflegen und selbst auch für andere da zu sein. Durch ein stabiles Netzwerk erhalten Sie ein ehrliches Feedback und die Möglichkeit zur Reflektion.

Zukunftsplanung

Wir versuchen gerne, uns durch Planung und Kontrolle vor den Wechselfällen des Lebens zu schützen. Dies ist leider nur bedingt möglich. Trotzdem ist es wichtig zu wissen, wo Sie hinwollen. Was erwarten Sie von Ihrem Leben? Was möchten Sie tun oder nicht tun? Sind Sie gerade in einer Sackgasse angelangt, dann handeln Sie und verändern Sie etwas!

Überprüfen Sie Ihre Ziele immer wieder neu. Sie und ihre Einstellung zum Leben verändern sich und schnell passt ihr ursprüngliches Ziel nicht mehr zu Ihren derzeitigen Wünschen.

Diese 7 Säulen sind die Wurzeln für Ihre ganz persönliche psychische Widerstandskraft. Bei keinem Menschen sind alle diese 7 Säulen gleich stark ausgeprägt.

Wenn die 7 Säulen zu schwach sind

Resilienz ist das Gewöhnliche, das Alltägliche und jeder kann es lernen oder trägt vieles sogar schon in sich! Gemeinsame Augenblicke, fröhliches Lachen, kreative Lösungen finden, Freundschaften pflegen, geliebt werden, für andere Menschen da sein, sich selbst wichtig nehmen und für seine Bedürfnisse einstehen. Bei keinem Menschen sind die 7 Säulen alle gleich stark ausgeprägt, doch wir alle haben Anteile davon in uns.

Was glauben Sie, welche Säulen bei Ilka und Anna vorhanden sind und welche fehlen?

Ilka hat sich bei keiner Krise in die Opferrolle begeben. Sie hat die Verantwortung für ihre Kinder und sich übernommen und optimistisch in die Zukunft geschaut. Natürlich gab es auch Tage, an denen sie überfordert war. Doch sie hat den schwierigen Situationen ins Auge gesehen und akzeptiert, dass es so nicht weitergeht. Anfänglich hatten ihr eine klare Zukunftsplanung und ein gutes Netzwerk gefehlt. Doch im Laufe der Zeit hat sie sich diese beiden Säulen erarbeitet.

Anna konnte ihre Situation nur sehr schlecht akzeptieren. Sie sieht sich als Opfer der Umstände. Sie fragt sich ständig, warum das gerade ihr passieren muss. Sie hätte immer schon viel Pech im Leben gehabt. Sie hadert damit, ob es sich lohnt die Wohnung überhaupt zu renovieren. Anna hat ein sehr gut funktionierendes Netzwerk und erhält viel Unterstützung. Ihr fehlt jedoch der Optimismus und die Fähigkeit, Verantwortung zu übernehmen.

ACHTSAMKEITS-ÜBUNG: MEIN RESILIENZ-BAROMETER

Überlegen Sie doch einmal in aller Ruhe, welche dieser 7 Faktoren Sie schon besitzen und wie Sie diese nutzen.

1. Nehmen Sie ein Blatt Papier zur Hand und zeichnen Sie darauf 7 Säulen mit Werten von 0–10. Schreiben Sie unter jede Säule einen Resilienzfaktor.
2. Überlegen Sie nun, welchen Wert Sie jeder einzelnen Resilienzsäule zuordnen. Dabei können Ihnen folgende Fragen helfen:
   - *Was gelingt mir gut in stressigen Situationen?*
   - *Welche Säulen sind bei mir sehr ausgeprägt und welche eher schwach?*
   - *Wie reagiere ich, wenn mir alles über den Kopf wächst?*
   - *Worin bin ich gut? Was gelingt mir nicht gut?*
3. Wenn Sie alle Säulen eingezeichnet haben, werden Sie sehen, wie ausgeprägt Ihre Resilenz bereits ist und an welchen Faktoren Sie noch arbeiten können.
4. Überlegen Sie sich drei Maßnahmen, die Sie in den nächsten vier Wochen gezielt für die Stärkung ihre Resilienz umsetzen wollen.

Lassen Sie sich nicht demotivieren, wenn einige Säulen nicht so stark ausgeprägt sind, das ist völlig normal. Ich habe noch keinen Menschen gesehen, der in allen 7 Resilienzfaktoren auf der Skala die Zahl 10 erreicht.

Dazu kommt, dass Menschen, die viele Krisen gemeistert haben, auf einen Erfahrungsschatz zurückgreifen und diesen in der nächsten schwierigen Situation nutzen können. So ist es zum Beispiel bei Ilka. Wir Menschen sind sehr lernfähig und können unsere erlebten Strategien immer wieder abrufen.

So gewinnen Sie innere Ruhe!

Gerade in der Familie ist es ausgesprochen hilfreich, wenn Sie als Vorbild mit viel innerer Stärke und Gelassenheit durchs Leben gehen. Da Ihr Kind von Ihnen lernt, wird es ganz nebenbei lernen, resilient zu sein. Es wird mit einer positiven Einstellung durchs Leben gehen, eigene Lösungen finden, selbstbewusst Krisen meistern, Freundschaften knüpfen und seinen ganz persönlichen Lebensweg gehen.

Wenn Sie sich die Zeit nehmen, sich näher mit Ihrer inneren Stärke und Gelassenheit zu beschäftigen, werden Sie merken, dass schon vieles vorhanden ist. Manchmal ist uns dies gar nicht mehr bewusst. Wir sind so mit unserem Leben und seinem Verlauf beschäftigt, dass wir uns wie der Hamster im Rad fühlen. Doch das muss nicht sein. Halten Sie inne, nehmen Sie sich Zeit für sich und finden Sie Ihre Kraftquellen. Ausgestattet mit diesen können Sie voller Achtsamkeit, Energie und Freude für Ihre Lieben da sein und diese begleiten.

Wie erhöhe ich meine innere Widerstandsfähigkeit?

Hier stelle ich Ihnen einige bewährte Hilfen für den Alltag vor, mit denen Sie in kurzer Zeit Ihre innere Widerstandsfähigkeit stärken können.

Positiv denken

Sie kennen alle die selbsterfüllende Prophezeiung. Sie stehen morgens auf und glauben, dass dieser Tag heute bestimmt nicht gut wird. Sie malen sich den Tag in den schlimmsten Farben aus, wissen nicht, wie sie alles unter einen Hut bringen sollen und haben den ganzen Tag über ein schlechtes Gefühl. Dieser Tag kann einfach nicht gut werden. Wie denn auch? Es wird bestimmt etwas passieren, was Ihre Annahme bestätigt. Hören Sie auf damit. Durch diese negative Denkweise wird es nur noch schlimmer.

Versuchen Sie dem Tag etwas Positives abzugewinnen. Lassen Sie ihn auf sich zukommen und sich überraschen. Die selbsterfüllende Prophezeiung wirkt auch im positiven Sinne. Wenn Sie offen und neugierig bleiben, wird der Tag auch etwas Gutes für Sie bringen.

Die eigene Wortwahl überdenken

Haben Sie schon einmal darüber nachgedacht, wie Sie sich ausdrücken? Warum frage ich Sie das? Es gibt Menschen, die sich unentwegt selbst antreiben: „Ich muss heute noch einkaufen, ich muss die Kinder um drei Uhr abholen, ich muss heute mit ihnen in den Schwimmkurs und ich muss auch noch kochen.“ Wenn Sie all dies tun „müssen“, wird das Leben natürlich zur Qual. Wie wäre es, wenn Sie das Wörtchen „muss“ aus Ihrem Wortschatz streichen und stattdessen die Wörter „will“ oder „möchte“ verwenden. Das hört sich doch gleich ganz anders an und übt weniger Druck auf Sie aus.

Ähnlich verhält es sich mit Wörtern wie „eigentlich“ und „man“, mit allen Wörter im Konjunktiv wie „hätte, könnte, dürfte, sollte, wollte“. Alle diese Wörter schaffen Distanz und zeigen deutlich, dass Sie nicht hinter Ihren Aussagen stehen. „Eigentlich könnte man morgen mal einen gemeinsamen Ausflug machen.“ Dieser wird sicher nie zustande kommen.

DER WETTLAUF DER FRÖSCHE

Eines Tages entschieden die Frösche, einen Wettlauf zu veranstalten. Um es besonders schwierig zu machen, legten sie als Ziel fest, auf den höchsten Punkt eines großen Turms zu gelangen. Am Tag des Wettlaufs versammelten sich viele andere Frösche, um zuzusehen. Dann endlich begann der Wettlauf.

Nun war es so, dass keiner der Zuschauer wirklich glaubte, dass auch nur ein einziger der teilnehmenden Frösche tatsächlich das Ziel erreichen könne. Statt die Läufer anzufeuern, riefen sie also "Oje, die Armen! Sie werden es nie schaffen!" oder "Das ist einfach unmöglich!" oder "Das schafft ihr nie!" Und wirklich schien es, als sollte das Publikum Recht behalten, denn nach und nach gaben immer mehr Frösche auf. Das Publikum schrie weiter: "Oje, die Armen! Sie werden es nie schaffen!" Und wirklich gaben bald alle Frösche auf – alle, bis auf einen einzigen, der unverdrossen an dem steilen Turm hinaufkletterte und als einziger das Ziel erreichte.

Die Frösche waren vollkommen verdattert und alle wollten von ihm wissen, wie das möglich war. Einer der anderen Teilnehmer näherte sich ihm, um zu fragen, wie er es geschafft hatte, den Wettlauf zu gewinnen. Und da merkten sie erst, dass dieser Frosch taub war!

(Verfasser unbekannt)

Nein sagen

Übernehmen Sie oft Aufgaben, die Sie gar nicht haben möchten oder treffen Sie Verabredungen, zu denen Sie keine Lust haben?. Warum machen Sie das? Fällt es Ihnen schwer, Nein zu sagen? Für ein klares Nein brauchen Sie Mut. Manchmal fällt ein schwammiges Nein definitiv leichter.

Es gibt viele Alternativen entschieden Nein zu sagen. Hier stelle ich Ihnen einige vor.

- Nein mit Begründung: „Nein, ich kann das nicht tun, da ich gerade mit der Renovierung des Wohnzimmers beschäftigt bin."
- Nein mit Alternative: „Nein, heute kann ich nicht. Ich könnte dir Mittwoch anbieten."
- Nein mit Bedingung: „Nein, ich kann die Aufgabe nur erledigen, wenn du den Spätdienst übernimmst."
- Konsequenz hinterfragen: Was würde passieren, wenn ich Nein sage?
- Ankündigung des Nein für die Zukunft: „Ich übernehme zum letzten Mal die Organisation des Festes. Beim nächsten Mal werde ich es nicht mehr tun."

Testen Sie die unterschiedlichen Arten Nein zu sagen im Alltag. Sie werden merken, es ist gar nicht so schwer.

Entscheidungen treffen

Vielleicht fällt es Ihnen schwer Entscheidungen zu treffen, Sie hadern sehr lange, wägen Pro und Contra ab und kommen doch nicht zu einem Entschluss. Eine Entscheidung wird immer wieder vertagt und manchmal erledigt sie sich von alleine. Aber das ist meist keine gute Lösung. Hier zeige ich Ihnen eine Methode, die Sie unterstützt, Entscheidungen zu treffen.

Love it! – Akzeptieren

Das heißt nicht, dass Sie die Situation lieben sollen. Vielmehr sollen Sie sich mit der Situation anfreunden. Ich stelle mir – auch in Situationen, die ich gar nicht mag – immer die Frage: „Was könnte für mich das Positive daran sein?" Das macht es mir leichter, die Situation auszuhalten und erst einmal hineinzuschnuppern.

Change it! – Verändern

Falls Sie mit „Love it" nicht weiter kommen und absolut nichts Positives daran finden, sollten Sie versuchen, die Situation zu verändern. Sprechen Sie die Probleme an. Äußern Sie klar, was für Sie überhaupt nicht passt. Beschreiben Sie, was sich verändern muss, damit Sie gut damit leben können. Suchen Sie sich Verbündete!

Leave it! – Loslassen

Sollte auch das nicht möglich sein, besteht nur noch Alternative drei. Verlassen Sie die Situation. Sie können sich der Situation entziehen, indem sie für sich beschließen, den Arbeitgeber zu wechseln, sich von ihrem Partner zu trennen, Freunde nicht mehr zu treffen. Vermeiden Sie alles, was ihnen schadet.

Jetzt entscheiden Sie, welchen Preis Sie zahlen! Bleiben Sie in der Situation, ergibt sich daraus vielleicht noch eine neue Chance. Oder: Sie schaffen es, die Rahmenbedingungen zu ändern. Oder auch: Sie verlieren Lebenslust. Verlassen Sie die Situation werden sie eventuell weniger verdienen, einsam sein. Es ist alles eine Frage „des Preises". Was ist Ihnen wichtiger? Die folgende Übung stärkt Ihr Selbstbewusstsein und hilft Ihnen, anstrengende Situationen durchzustehen und gestärkt aus ihnen hervorzugehen. Es ist eine Mentaltechnik, die Sie dabei unterstützt, Ihre Vision der eigenen Veränderungen zu intensivieren.

ACHTSAMKEITS-ÜBUNG: SIEGERPOSE

Stellen Sie sich hüftbreit und fest mit beiden Beinen auf die Erde.

Strecken Sie beide Arme senkrecht nach oben, die Fingerspitzen Richtung Himmel.

Legen Sie ihren Kopf leicht in den Nacken und schließen Sie die Augen.

Denken Sie an eine Situation in Ihrem Leben, in der Sie richtig erfolgreich, selbstbewusst und glücklich waren.

Fühlen Sie sich ganz genau in die Situation hinein. Wo war diese Situation? Was haben Sie dabei genau gefühlt? Was haben Sie gedacht? Was haben Sie gespürt? Wie hat es gerochen? Welche Musik haben Sie dabei gehört? Wie war das Wetter?

Denken Sie sich mindestens zwei Minuten in diese Situation hinein und spüren Sie, wie es Ihnen damals ging.

Achtung: Ihr Körper fängt nach einer Minute an zu meckern, Sie bekommen Schmerzen in den Armen, Schultern, Händen. Nehmen Sie die Hände auf keinen Fall herunter. Ihr Geist soll den Körper besiegen!

Machen Sie diese Übung jeden Morgen nach dem Aufstehen, gerne auch länger als zwei Minuten. Es wird mit jedem Mal einfacher.

Egoismus ist gesund

„Glück entsteht oft durch die Aufmerksamkeit in kleinen Dingen, Unglück oft durch die Vernachlässigung kleiner Dinge."

Wilhelm Busch

In meinen Seminaren zum Thema Achtsamkeit und Stress habe ich immer einen alten Tonkrug dabei. Er ist nicht mehr ganz dicht, hat ein paar kleine Haarrisse und daraus sickert ständig ein wenig

Wasser heraus. Ich stelle diesen Krug auf den Tisch und frage die Teilnehmer, was dieser Krug mit dem Thema Achtsamkeit und Stress zu tun haben könnte. Die Antworten auf die Frage kommen meistens sehr verhalten. Doch im Laufe des Seminares merken die Teilnehmer, dass es sich mit dem Stress genauso verhält wie mit dem Krug. Die stressigen Situationen ziehen Energie ab. Sie sickert langsam aus uns heraus.

Manchmal merken wir es gar nicht oder wollen es einfach nicht wahrnehmen. Irgendwann ist der Krug leer. Die Risse im Krug können wir nicht mehr kitten, aber wir können dafür sorgen, dass genügend Nachschub da ist. Es muss immer wieder Wasser von oben nachgegossen werden. Deshalb: Achten Sie auf sich und sorgen Sie für entspannte, Kraft gebende Momente! Gerade in anstrengenden Zeiten! So viel Egoismus muss sein. Denn Sie haben es in der Hand. Sie kennen sich selbst am besten. Allerdings müssen Sie sich öffnen und zulassen, dass Sie sich selbst reflektieren. Es bringt nichts, durchs Leben zu gehen wie ein Roboter. Eine Maschine, die nur auf Leistung programmiert ist, keine Gefühle zeigen kann und deren Weg genau definiert ist.

Die Messlatte nicht zu hoch legen

Es ist immer Ihr Weg und diesen Weg gilt es zu gestalten. Achtsam, besonnen, entspannt und mit Liebe. Ich weiß, das liest sich für Sie zuerst etwas fremd. Bedenken Sie: Sie sind der Motor für sich selbst. Sie können Ihre Belastbarkeitsgrenzen definieren. Sie müssen nicht immer an die Grenze gehen. Das verlangt in der Regel keiner von Ihnen. Diese Messlatte haben Sie angelegt. Denn häufig wollen Sie einfach perfekt sein. Doch solche Allrounder gibt es nur in der Theorie. Gönnen Sie sich Auszeiten, leben Sie bewusst, denn nur Sie können etwas ändern.

DER HOLZFÄLLER

Ein Holzfäller suchte nach Arbeit. Er sprach in einem Forstbetrieb vor. Das Gehalt war in Ordnung, die Arbeitsbedingungen gut und so nahm er den Job an und wollte einen guten Eindruck hinterlassen.

Am ersten Tag meldete er sich bei seinem Vorarbeiter. Dieser wies ihm einen bestimmten Bereich im Wald zu und gab ihm eine Axt. Der Holzfäller ging voller Freude an die Arbeit und fällte an seinem ersten Tag 18 Bäume. Der Vorarbeiter war begeistert und lobte ihn überschwänglich. Darüber freute sich der Holzfäller sehr. Angestachelt von dem Lob des Vorarbeiters wollte der Holzfäller am zweiten Tag noch mehr Bäume fällen. Er stand in aller Frühe auf und machte sich an die Arbeit. Doch am zweiten Tag schaffte er nur 14 Bäume. Darüber war er sehr enttäuscht. Er dachte, dass er müde sei, legte sich gleich ins Bett um am dritten Tag noch früher mit der Arbeit zu beginnen. Er gab sein Bestes, doch er schaffte nur neun Bäume. Am nächsten Tag waren es nur noch sieben Bäume, am übernächsten nur noch fünf und am Ende der Woche war er einen ganzen Tag damit beschäftigt, einen Baum zu fällen.

Er machte sich Gedanken, was wohl sein Vorarbeiter zu seiner Leistung sagen würde und sprach bei ihm vor. Er erzählte ihm wie motiviert er war, dass er ganz früh zu Bett ging und den ganzen Tag mit voller Kraft arbeitete.

Der Vorarbeiter fragte ihn: „Wann hast du deine Axt zum letzten Mal geschärft?"

Er antwortete: „Die Axt schärfen? Dafür habe ich keine Zeit! Ich bin damit beschäftigt Bäume zu fällen!"

(Verfasser unbekannt)

Wann haben Sie zum letzten Mal Ihre Axt geschärft? Wann haben Sie einmal nur an sich gedacht?

Wenn ich diese Frage im Seminar stelle, bekomme ich meist ähnliche Antworten:

- Das ist lange her.
- Das ist ja auch nicht möglich.
- Mit zwei Kindern, Haushalt und Beruf kann man nicht an sich denken.
- Ich gönne mir alle zwei Monate einen Frisörbesuch, das muss reichen.
- Mit Kindern bleibt wenig Zeit für sich.
- Wenn alle anderen versorgt sind, denke ich an mich.

Hätten Sie auch so geantwortet? Falls ja, sollten Sie darüber nachdenken, etwas egoistischer zu sein und sich selbst auch einmal etwas Gutes tun. Wenn es Ihnen gut geht, geht es auch Ihrem Umfeld gut. Es nützt niemand etwas, wenn Sie bis zur Selbstaufgabe schuften, ständig gereizt und nervös sind und abends todmüde ins Bett fallen.

Wenn Sie in Urlaub fliegen, bekommen Sie zu Beginn des Fluges von der Stewardess Instruktionen bezüglich Nutzung der Notausgänge, Schwimmwesten und Sauerstoffmasken. Erinnern Sie sich, was die Stewardess bezüglich der Sauerstoffmasken erklärt? Zuerst setzen Sie sich die Maske auf, dann ziehen Sie die Maske Ihren Kindern an und helfen den Menschen in Ihrem Umfeld, die Maske anzuziehen. Es nützt nichts, wenn Sie versuchen Ihrem Kind die Maske anzuziehen und dann selbst keinen Sauerstoff mehr haben.

Überforderung macht wütend

Genauso ist es auch im wirklichen Leben. Wenn Sie immer nur für andere da sind und Ihre eigenen Bedürfnisse nicht im Blick haben hilft dies keinem. Eine bestimmte Zeit lang sind Sie leistungsfähig, doch irgendwann geht auch Ihre Kraft zu Ende. Ihr Umfeld merkt es an Ihrer Stimmung, denn Sie sind schnell gereizt und äußerst ungeduldig. Insgeheim fühlen Sie sich ausgenutzt, und Ihre Wut lassen Sie häufig an den falschen aus.

Was für ein Tag. Zuerst kam Peter, Vater des fünfjährigen Lars zu spät zur Arbeit. Er war eigentlich wie immer Punkt halb neun im Büro, weil er seinen Sohn noch in den Kindergarten brachte, aber als er dann das Büro betrat, war seine Kollegin schon aufgebracht: „Mensch Peter, du hattest doch heute Morgen bereits um acht Uhr die Produktpräsentation. Der Chef ist echt sauer, alle sind längst da, nur auf dich wartet man vergeblich."

Mit einer kleinen Notlüge rettete sich Peter aus der Situation. Nach der gut verlaufenen Präsentation atmete er schon auf, als ein Hilferuf aus dem Kindergarten kommt. Lars sei es übel, ein Elternteil soll sofort kommen. Also sprintete Peter in den Kindergarten. Dort angekommen, erwartete ihn Lars mit großen Augen.

„Papa, ich bin wieder gesund. Ich habe zu viel Kirschen gegessen." Als Peter noch einmal im Büro erscheint, begrüßt ihn sein Chef und ist extrem genervt, als Peter die Geschichte seines Sohnes erzählt. „Ich habe auch Kinder, aber sie müssen mit den Gedanken bei der Arbeit sein, Ihre Frau sollte mehr Initiative in dieser Hinsicht zeigen." Peter schmollt und verkneift sich eine Antwort. Als er gegen sechs Uhr zu Hause ankommt, will seine Frau alles genau wissen. Gleichzeitig ist Lars anstrengend und will alle Aufmerksamkeit auf sich ziehen. Peter ist total genervt und reagiert unverhältnismäßig laut, als Lars nicht ins Bett gehen will.

Eine ähnliche Geschichte haben wir alle schon einmal erlebt. Wir schlucken unseren Frust oder unsere Wut so lange hinunter, bis es nicht mehr geht. Nach außen versuchen wir keine Schwäche zu zeigen und allen weiszumachen, dass wir die Situation im Griff haben und irgendwann bringt ein kleiner Tropfen das Fass zum Überlaufen. In diesem Moment reagieren wir völlig über, die Vernunft ist ausgeschaltet und wir entladen alles, was sich über Wochen und Monate angestaut hat. Kaum ist dieser Gefühlsausbruch vorbei, kommt auch schon das schlechte Gewissen.

Diese Reaktion ist völlig normal, wenn auch nicht korrekt. Doch niemand schafft es immer gelassen, professionell, souverän und selbstbewusst zu sein! Wir haben alle nur ein bestimmtes Volumen um Negatives, Druck, Stress, Anspannung zu ertragen. Wenn das berühmte Fass dann voll ist und noch eine Kleinigkeit dazu kommt, läuft es über. Diese Reaktion wird dann nicht mehr von unserem Verstand kontrolliert. Wir sprechen, ohne nachzudenken und mit viel Emotion. Der Druck muss raus und wir entladen uns. Leider trifft es meist die Falschen.

So gehen Sie achtsam mit den eigenen Reserven um

Wir können es nicht verhindern, dass wir Stress, Druck, Konflikte und schwierige Situationen erleben, aber wir können dafür sorgen, dass sich unser Fass nicht zu sehr füllt und wir es regelmäßig leeren.

Dies können Sie tun, indem Sie darüber mit Freunden und Vertrauten sprechen, Tagebuch führen oder Sport treiben. Entspannungsübungen, Yoga oder progressive Muskelentspannung haben sich ebenfalls bewährt. Oder machen sie ein Entspannungsbad oder gehen Sie zur Massage.

Die Zeit dürfen Sie sich gönnen. Sie werden sich gleich besser fühlen und können dann auch wieder entspannt für andere da sein. Das Wort Egoismus ist in unserer Gesellschaft sehr negativ belegt. Wir gehen davon aus, dass Egoisten nur an sich denken und ihre eigenen Wünsche und Bedürfnisse in den Mittelpunkt stellen. Ein gesunder Egoismus tut jedoch allen Beteiligten gut. Sie sind entspannt, fühlen sich wohl, sind gelassen und können sich dadurch voll auf Ihre Kinder einlassen. Ganz automatisch werden Sie dadurch viel achtsamer sein und im Hier und Jetzt leben, ohne schon den nächsten Pflichttermin zu planen.

ACHTSAMKEITS-ÜBUNG: WAS TUT MIR GUT?

Nehmen Sie sich eine halbe Stunde Zeit und überlegen Sie sich, was Ihnen alles gut tun würde. Es ist völlig egal, ob Sie das schon getan haben oder ob es nur ein Traum ist. Denken Sie nicht darüber nach, was andere dazu sagen werden.

Schreiben Sie alles auf, was Ihnen in den Sinn kommt. Oft sind es die kleinen Dinge. Auf der Liste sollten mindestens 20 Sachen stehen, gerne mehr. Anfänglich ist es schwierig, doch dann sprudeln die Ideen.

Dann markieren Sie auf ihrer Wunschliste die Wünsche, die Sie sich selbst erfüllen können mit grün. Die Wünsche, für die Sie Unterstützung durch Ihr Umfeld brauchen mit rot. Organisieren Sie sich für die „roten Wünsche" Hilfe. Dies kann die Betreuung Ihrer Kinder durch die Großmutter oder einen Babysitter sein oder Unterstützung im Haushalt oder gegenseitige Hilfe unter Freunden.

Ab morgen haben Sie die Aufgabe, pro Tag mindestens 15 Minuten etwas für sich zu tun! Ausreden wie „keine Zeit" zählen hier nicht. Steigern Sie im Laufe der Zeit Ihre „persönliche Freizeit". Ziel ist es, pro Tag eine Stunde für sich zu haben!

15 Minuten Zeit für mich – das hört sich nicht wirklich viel an, doch das ist am Anfang sehr schwer. Wenn Sie immer nur für andere da waren, wird sich sofort Ihr schlechtes Gewissen regen. Rechnen Sie damit und schicken Sie es in Urlaub. Jetzt sind Sie an der Reihe.

Sie dürfen an sich denken. Ihre Kinder werden immer größer und selbstständiger. Irgendwann wird der Zeitpunkt kommen, an dem sie sich abnabeln. Dann heißt es für Sie, lernen loszulassen. Dies gelingt leichter, wenn Sie vorher auch schon ein eigenes Leben führen und sich nicht ganz auf Ihre Kinder fixiert haben.

Entspannungsinseln im Alltag

„Ruhe aus, ein Feld, das geruht hat, trägt herrliche Ernte!"

Ovid

Damit Sie Kraft tanken können, wenn Sie gestresst sind, stelle ich Ihnen verschiedene kleine entschleunigende Auszeiten für den Alltag vor. Suchen Sie sich das heraus, was für Sie passt. Oft können schon kleine Veränderungen Großes bewirken. Verändern Sie Ihr Verhalten täglich ein klein wenig mehr, gönnen Sie sich die Zeit für sich! Denn nur wenn Sie ruhig und gelassen sind, können Sie dies auch an Ihre Kinder weitergeben.

Dies wird Ihnen vielleicht nicht jeden Tag gelingen. Doch denken Sie bitte an Ihren ganz persönlichen Tonkrug. Am Ende der Woche sollte das Wasser nicht weniger geworden sein, im besten Fall sollte es sogar mehr werden.

Keine Angst, durch Ihre kleinen Auszeiten nehmen Sie niemandem etwas weg. Die Zeit, die Sie sich nehmen, werden Sie doppelt zurückbekommen. Bestimmt wird Ihr schlechtes Gewissen wieder aktiv. „Du kannst doch nicht mit einer Freundin in die Sauna gehen und dein Kind bei der Großmutter abgeben.“ Sagen Sie ihm klar, dass Sie das können und sogar Spaß dabei haben. Wenn Sie Ihr Kind nach der Sauna abholen, sind Sie tiefenentspannt und können die Zeit mit ihm richtig genießen. Lassen Sie sich von niemandem ein schlechtes Gewissen deswegen machen. Es geht um Sie!

Entspannter Start in den Tag

Beginnen Sie den Tag ganz in Ruhe. Springen Sie nicht sofort aus dem Bett. Startet der Tag schon hektisch, wirkt sich dies auf den gesamten Tagesablauf aus. Sind Sie morgens schon genervt, überträgt sich das auf Ihre Familie.

Bleiben Sie nach dem Aufwachen noch kurz liegen und träumen Sie. Machen Sie Ihre persönliche Zeitreise. Was liegt vor Ihnen heute? Lassen Sie Ereignisse Revue passieren und malen Sie sich das Optimale aus!

Erledigen Sie dann Ihre Morgenrituale. Es ist sinnvoll, den Wecker zehn Minuten früher zu stellen und dann die Zeit zu nutzen, sich gemütlich fertig zu machen, bewusst eine Tasse Kaffee zu trinken, ihn intensiv zu schmecken, zu frühstücken und vielleicht noch die Zeitung zu lesen. Der entspannte Start in den Tag zahlt sich aus.

Bewegung gegen Stress

Gerade in der kalten Jahreszeit bewegen wir uns weniger als im Sommer. Wenn es stürmt, schneit oder regnet, zieht es uns eher auf die Couch als in den Wald. Unser Schweinehund ist da sehr aktiv. Er findet die besten Ausreden, warum wir uns jetzt nicht bewegen sollten. Die findet er aber auch im Sommer.

Doch gerade die Aktivität tut uns gut. Wir können Stress abbauen und Glückshormone aktivieren. Überwinden Sie sich, laufen Sie morgens mit Ihrem Kind in die Kita, spazieren Sie in der Mittagspause eine Runde um den Block oder wandern Sie gemeinsam am Wochenende. Ich selbst habe mir vor zwei Jahren ein kleines Trampolin zugelegt. Wenn ich einen stressigen Tag hatte, springe ich abends zehn Minuten auf dem Trampolin. Das hilft enorm, Stress abzubauen und ich bin müde und glücklich. Testen Sie das! Am einfachsten ist es, wenn Sie Bewegung in Ihren Alltag integrieren, dann passiert es so ganz nebenbei.

Weniger machen und Überflüssiges loslassen

Im Zeitmanagement gibt es das Pareto-Prinzip. Es besagt, dass Sie mit 20 % Aufwand 80 % Nutzen erzielen können. Das heißt, wenn Sie etwas mit vollem Elan und Engagement tun, werden Sie 80 % Ihrer Aufgaben erledigt haben. Für die restlichen 20 % wenden Sie 80 % Prozent Energie auf. Wir kennen das alle. Wir starten mit voller Kraft in den Tag und die Arbeit geht uns richtig gut von der Hand. Es läuft und läuft. Doch irgendwann kommt der Punkt an dem es nicht mehr richtig vorwärts geht. Sobald Sie dies erkennen, hören Sie auf. Tanken Sie Kraft, beschäftigen Sie sich mit etwas ganz anderem. Denn ab jetzt müssen Sie sehr viel Energie aufwenden um das gewünschte Ergebnis zu erzielen. Warten Sie lieber bis morgen damit. Dann funktioniert es auch wieder besser. Wenn Sie das Pareto-Prinzip kennen, bauen Sie bewusst Pausen und kleine Kraft-Tankstellen in den Alltag ein.

It's Teatime

Wenn Ihnen gerade alles über den Kopf wächst, die Kinder sehr unruhig und streitbar sind und Sie an Ihre Grenzen kommen, nehmen Sie sich eine Teatime-Auszeit. Wichtig ist, dass Sie erkennen, wenn für Sie das Maß voll ist und Sie am Limit sind. Dann ist es sinnvoller, sich kurz zurückzuziehen und wieder Kraft zu tanken. Wenn Sie Ihre Gefühle ignorieren werden Sie explodieren ...

Klinken Sie sich kurz aus, kochen Sie sich eine feine Tasse Tee und setzten Sie sich an einen ruhigen Ort. Die Kinder dürfen dann auch mal gerne Fernsehen schauen.

Versuchen Sie mit allen Sinnen den Tee zu genießen, schmecken Sie die einzelnen Zutaten? Schließen Sie die Augen und denken Sie an eine schöne Situation in Ihrem Leben. Kommen Sie zur Ruhe und lassen Sie Ihre Gedanken schweifen. Diese Auszeit wirkt schon nach fünf Minuten.

Freunde sind eine Kraftquelle

Gerade in stressigen Zeiten ist es schön, wenn Sie Freunde haben mit denen Sie offen sprechen können. Wenn etwas passiert ist, das Sie ärgert oder aufregt, tut es gut, darüber zu reden anstatt zu grübeln und zu hadern. Das beschäftigt Sie und Sie können nicht gelassen und achtsam sein. Erzählen Sie einer guten Freundin/einem guten Freund, was Sie belastet und holen Sie sich ein Feedback. Vielleicht hat sie oder er schon einmal etwas ähnliches erlebt oder einen guten Ratschlag für Sie. Diese Rückmeldung hilft meist schon, das Gedankenkarussell abzuschalten.

Gesund essen

Wenn wir im Stress sind, essen wir meist auch nicht besonders gut. Unsere Kinder ermahnen wir, gesund zu essen. Wir Eltern nehmen es nicht so genau damit. Uns fehlt die Zeit gesunde Mahlzeiten vorzubereiten und dann greifen wir zum Fastfood. In der Mittagspause holen wir uns dann schnell etwas beim Chinesen, Bäcker, Stand, Italiener oder Fleischer. Einmal pro Woche spricht nichts dagegen. Tun Sie dies jedoch täglich, ist das der falsche Weg. Wenn Sie auf sich achten wollen, beginnt das schon beim Essen. Bereiten Sie sich morgens eine gesunde Mahlzeit vor und nehmen Sie diese mit zur Arbeit. Wenn Sie es ganz eilig haben, können Sie sich auch einen Smoothie machen oder sich einen fertigen Salat kaufen. Wichtig ist, dass Sie Ihr Essen dann auch in Ruhe zu sich nehmen. Genießen Sie jeden Bissen und achten Sie darauf, wie es schmeckt.

Sonne tanken

Sonnenlicht tut der Seele gut. Manchmal fehlt uns Wärme und Sonnenlicht. Manche Menschen leiden sogar richtig darunter. Sie werden übellaunig, antriebslos und depressiv. Daher ist es auch im Winter wichtig, sich möglichst viel unter freiem Himmel aufzuhalten und die hellen Stunden zu nutzen. Gehen Sie in die Natur! Halten Sie sich möglichst viel im Freien auf, gehen Sie mit den Kindern nach draußen, wenn die Sonne scheint und tanken Sie gute Stimmung und Kraft. Durch das Sonnenlicht werden Glückshormone freigesetzt und Sie laden Ihre Akkus auf. Ihre Stimmung steigt. Hierzu noch eine schöne chinesische Weisheit: „Wende Dein Gesicht der Sonne zu, dann fallen die Schatten hinter Dich!" Manche von Ihnen tanken vielleicht auch gerne Sonne im Sonnenstudio. Das aktiviert ebenfalls ihre Glückshormone. Doch auch hier ist das Maß das Ziel.

Bewusste Pause

Sie kommen von der Arbeit nach Hause und dort geht es gleich weiter. Kinder abholen, Essen vorbereiten, Wäsche bügeln ... Sie laufen immer auf Hochtouren und gönnen sich keine Pause. Planen Sie für sich nach der Beendigung ihrer Arbeitszeit eine kleine Auszeit ein. Kommen Sie nach Hause und legen Sie sich kurz auf die Couch, bevor Sie die Kinder abholen, lesen Sie in einem Buch, hören Sie Musik. Oder gehen Sie nach der Arbeit noch kurz bummeln oder setzen Sie sich in ein Café. Es geht darum, dass Sie ganz bewusst etwas für sich tun! Ihr Körper und Ihre Gedanken sollen zur Ruhe kommen. Stellen Sie sich vor, Sie wären ein Auto und fahren den ganzen Tag mit 200 über die Autobahn, irgendwann versagt der Motor. Beim Autofahren schalten Sie auch mal in den zweiten Gang und schleichen mit Schrittgeschwindigkeit durch die Spielstraße.

Energieräuber meiden, Energiegeber finden

Es gibt Menschen in Ihrem Umfeld, die nehmen Ihnen Teile Ihrer Energie. Ich nenne Sie immer die Blutsauger. Nach Gesprächen mit diesen Blutsaugern fühle ich mich völlig leer und meine Stimmung ist im Keller. Meiden Sie solche Energiefresser. Im Gegenzug gibt es aber auch Menschen, die Ihnen Energie geben. Es tut gut, mit Ihnen zu reden, Sie lachen viel zusammen und fühlen sich frei. Wenn Sie Stress haben, sollten Sie die Nähe zu diesen Menschen suchen, ohne dass Sie groß Probleme wälzen. Es reicht schon aus, einen Energiegeber zu treffen, mit ihm zusammenzusitzen und zu plaudern. Es entspannt enorm und beflügelt sie. Finden Sie heraus, wer aus Ihrem Umfeld Ihnen Energie gibt und wer sie Ihnen raubt.

Auszeit für Körper und Geist

Wenn die Belastung hoch ist und viel von Ihnen verlangt wird, ist es wichtig, an seinen Körper zu denken. Unter Stress sind wir angespannt, bekommen Muskel- und Kopfschmerzen, sind müde und schlapp oder wachen in den frühen Morgenstunden auf, weil wir uns über Kleinigkeiten den Kopf zerbrechen. Daher sollten Sie vor allem Ihrem Körper etwas Gutes tun. Überlegen Sie sich kleine Auszeiten für Ihren Körper. Das könnte ein schönes Bad mit einem besonderen Duft sein, eine wohltuende Massage, ein Besuch bei der Kosmetikerin, ein Saunabesuch mit Freunden, ein Frisörtermin … Denken Sie darüber nach, was Sie schon lange nicht mehr getan haben. Diese Auszeit wird Sie stärken und Sie können weiterhin ihre gewohnte Leistung erbringen.

Die Sinne schärfen – achtsam den Tag beenden

Die Sinne zu schärfen hat viel mit Achtsamkeit zu tun. Wie gehe ich mit mir um? Wie wichtig bin ich mir? Was tue ich mir Gutes? Wie achte ich auf mich?

Nehmen Sie wahr, wenn es Ihnen nicht gut geht und wenn ja, reagieren Sie auch darauf? Wenn Sie dies nicht wahrnehmen oder Ihr Fokus zu sehr auf dem Negativen liegt, sollten Sie anfangen, ein kleines Tagebuch zu führen. Es kostet nicht viel Zeit und gibt Ihnen die Chance zu reflektieren und dabei zu erkennen, was Sie jetzt brauchen.

Beantworten Sie abends vor dem Zubettgehen folgende Fragen:

- Was war heute schön?
- Was hat mir nicht gefallen?
- Was hat mir gefehlt?
- Was tue ich mir morgen Gutes?

Wenn Sie das herausgefunden haben, wissen Sie genau, was Sie brauchen und haben eine Vereinbarung mit sich selbst getroffen. Jetzt sind Sie dafür verantwortlich, diese auch zu erfüllen.

ICH WÜNSCHE IHNEN VIEL ERFOLG!

„Als Kind studiert man Erwachsene, um klug zu werden. Als Erwachsener studiert man Kinder, um wieder glücklich zu werden."

Unbekannt

Ein Ratgeber kann, wie der Name schon sagt, nur Ratschläge geben. Sie selbst wissen am besten, was Ihr Kind braucht. Braucht es vielleicht einen liebevollen, achtsamen, unterstützenden Umgang oder auch mal klare Regeln, Ansagen und ein konsequentes Handeln. Sie werden es situativ entscheiden, wie Sie sich verhalten und welche Übungen und Methoden Ihrem Kind weiterhelfen. Sie haben viele Ideen und Tipps erhalten, die Sie im Alltag nutzen können. Vielleicht haben Sie sich und Ihre Familie in manchen der Beispiele wiedererkannt.

Hierzu noch ein praktischer Tipp: Meine Empfehlungen, die Sie umsetzen wollen, sollten Sie sich auf einem Blatt vermerken. Womöglich genauso, wie Sie es sich wünschen. Es ist Ihre persönliche Botschaft an sich. Abends sollten Sie hinterfragen, ob Sie auch heute die Botschaft beherzigt haben. Was ist mir gelungen? War ich ausgeglichen? Habe ich Dinge, die ich mir vorgenommen habe, befolgt? Was könnte ich noch verbessern? Das Beste daran: Sie sind keinem Menschen Rechenschaft schuldig, nur sich selbst! Probieren Sie es aus und es wird sich etwas verändern!

Als Mutter weiß ich, dass ein Kind manchmal ganz viel Liebe, Fürsorge und Verständnis braucht. In diesen Momenten glaubt man, dass man das liebste, bravste und süßeste Kind der Welt hat und plötzlich wird aus dem kleinen Wesen ein Orkan. Da Kinder sehr impulsiv sind, kann sich das jederzeit ändern und genau so schnell, wie sich die Stimmung Ihres Kindes ändert, müssen auch Sie reagieren. Was gerade noch richtig war, kann im nächsten Moment schon falsch sein.

Es gibt kein Patentrezept für die Erziehung von Kindern. Alle Eltern geben ihr Bestes. Ob es richtig und gut war, wird sich im Laufe der Entwicklung des Kindes herausstellen. Sie können keine Fehler machen, solange sie respektvoll und wertschätzend mit Ihrem Kind umgehen. Es gibt kein richtig und kein falsch. Sie müssen Ihren eigenen Weg finden, der zum Charakter Ihres Kindes passt.

Aus meiner Arbeit mit vielen Seminarteilnehmerinnen und -teilnehmern weiß ich, dass wir uns bis ins hohe Alter verändern können, wenn wir dies wollen. Wir können lernen, Wissen erwerben und dies im Alltag nutzen. Wir können unser Verhalten und unsere Einstellung ändern, das ist das Schöne daran.

Vielleicht können Sie Ihrem Kind durch dieses Buch den achtsamen, respektvollen Umgang mit seinen Mitmenschen mit auf den Weg geben. Sie können ihm ein Vorbild sein, doch Sie können ihm seine Erfahrungen nicht abnehmen. Diese muss es selbst machen. Sie können es lediglich dabei unterstützen.

Ich wünsche Ihnen viel Erfolg!

Herzliche Grüße
Ihre Alexandra Karr-Meng

Über Ihr Feedback freue ich mich: info@karr-meng-coaching.de

ANHANG

Bücher zum Weiterlesen

Jon Kabat-Zinn: Achtsamkeit für Anfänger. Arbor 2013.
Ilios Kotsou: Das kleine Übungsheft – Achtsamkeit. Trinity 2014.
Christina Berndt: Resilienz – Das Geheimnis der psychischen Widerstandskraft. dtv 2015.
Friedemann Schulz von Thun: Miteinander reden 1. Rowohlt 2016.
Ilios Kotsou: Das kleine Übungsheft – Emotionale Intelligenz. Trinity 2014.
Daniel Goleman: EQ - Emotionale Intelligenz. dtv 2015.
Gerald Hüther/Christopf Quarch: Rettet das Spiel. Hanser 2016.

Kinderbücher zum Vorlesen

Isabel Abedí: Blöde Ziege, dumme Gans. ars Edition 2013.
David McCee: Elmar. Thienemann 2017.
Holde Kreul: Ich und meine Gefühle. Loewe 2011.
Dagmar Geisler: Wohin mit meiner Wut? Loewe 2014.
Heinz Janisch: Jeder kann ein Löwe sein! Lappan 2017.
Volker Friebel: Traumreisen für Kinder. Ökotopia 2016.
Tanja Kirschner: Essen wie die Tiere. Aracari 2016.
Anke M. Leitzgen/Lisa Rienermann: Entdecke, was dir schmeckt. Beltz & Gelberg 2017.

Hilfreiche Internetadressen

www.dfme-achtsamkeit.de
www.mindfulnessberlin.de/achtsamkeit-mit-kindern
www.aussteiger-familie.de
www.entspannung-plus.de
www.hierfindichwas.de

Bibliografische Information der Deutschen Nationalbibliothek
Die Deutsche Nationalbibliothek verzeichnet diese Publikation in der Deutschen Nationalbibliografie; detaillierte bibliografische Daten sind im Internet über http://dnb.ddb.de abrufbar.

ISBN 978-3-86910-639-7 (Print)
ISBN 978-3-86910-663-2 (PDF)
ISBN 978-3-86910-664-9 (EPUB)

Die Autorin: Alexandra Karr-Meng unterstützt als Coach Eltern und Erzieherinnen bei der achtsamen Kommunikation mit Kindern. Als Mutter weiß sie: Im Alltagstrubel kommen Ruhe, Respekt und gegenseitige Wertschätzung häufig zu kurz – daher hat sie Lösungen entwickelt, die auch in hektischen Momenten leicht umzusetzen sind und trotzdem eine enorme Wirkung im Familienleben entwickeln.

Originalausgabe

Eine Marke der Schlüterschen Verlagsgesellschaft mbH & Co. KG,
Hans-Böckler-Allee 7, 30173 Hannover
www.schluetersche.de
www.humboldt.de

Lektorat: Ulla Nedebock
Covergestaltung: semper smile Werbeagentur GmbH, München
Covermotiv: Getty Images/islandika
Satz: PER Medien+Marketing GmbH, Braunschweig
Druck und Bindung: Silber Druck oHG, Niestetal